本书由南京大学文学院副院长、
中国古代文学教授苗怀明博士审订，
特此致谢。

把成语用起来

一读就会用的

分类成语故事 三

技艺和文采·才能和人才

歪歪兔童书馆 / 编著

海豚出版社
DOLPHIN BOOKS
中国国际传播集团

目录

05/ 技艺和文采

鬼斧神工	4	文不加点	28
画龙点睛	6	一挥而就	30
运斤成风	8	倚马可待	32
游刃有余	10	妙笔生花	34
雕虫小技	12	舞文弄墨	36
误笔成蝇	14	嘲风咏月	38
入木三分	16	狗尾续貂	40
余音绕梁	18	掷地有声	42
百步穿杨	20	绝妙好辞	44
起死回生	22	一字千金	46
青钱万选	24	洛阳纸贵	48
七步成章	26	老妪能解	50

06／才能和人才

三顾茅庐	52	天下无双	78
千金买骨	54	无出其右	80
握发吐哺	56	出类拔萃	82
伯乐相马	58	鹤立鸡群	84
毛遂自荐	60	羽翼已成	86
明珠暗投	62	蓝田生玉	88
初出茅庐	64	江郎才尽	90
后起之秀	66	黔驴技穷	92
人中骐骥	68	一傅众咻	94
凤毛麟角	70	杀彘教子	96
过目成诵	72	孟母三迁	98
发踪指示	74	孺子可教	100
回天之力	76	朱衣点头	102

附录／分类成语　104

鬼斧神工
guǐ fǔ shén gōng

战国·庄周《庄子·达生》:"梓庆削木为镰,镰成,见者惊犹鬼神。"

释 像是鬼神制作出来的。用来形容建筑、雕塑、绘画等技艺高超精妙。

近义 巧夺天工

反义 粗制滥造

中国古代,人们把木匠叫作梓(zǐ)人。战国时期的鲁国有一位技艺高超的梓人,名叫庆,人们叫他梓庆。但凡是他制作的物件,每一样都是上乘之作,但最令人称绝的,还得是他雕刻的那个镰(jù)。

梓庆把镰雕好的那天,正好有人去他家做客。客人看到镰后惊叹地说:"天啊,太精美了,这简直就是鬼神变出来的!"很快,这个令人惊叹的镰被传得家喻户晓,连鲁国的国君也知道了。

国君派人把梓庆请到宫里,一边仔细端详镰,一边感叹地说:"真像人们说的那样精巧啊,这难道不是鬼神的法术变出来的吗?梓庆,你一定用了法术,对不对?"

梓庆诚恳地回答说:"我只是一个工匠,哪里懂得什么法术。"

"那你说说,你是怎么把它雕刻出来的?"国君说。

梓庆回答说:"为了让自己心无杂念,只想着雕刻镰的事,我在雕刻之前斋戒了几天。斋戒三天时,我不会想着用它来换取爵位赏赐;斋戒五天时,我不会想着靠它

05 技艺和文采

技艺：鬼斧神工

国君听完梓庆的话,终于明白了,这个鐻上的鬼神之力除了来自雕刻者的高超技艺,更源于雕刻者的认真与专注。

去赢得人们的赞誉;斋戒七天时,我连自己的四肢形体都已经忘了。在这样的心境下,我走进山林,仔细观察各种树木的天然形态,似乎看到了鐻的粗略形状。选定最合适的材料后,鐻的样子就已经在我头脑里成形了,接下来就只是动手把它雕刻出来的工作了。如果说这个鐻有鬼神之力,可能是因为木料的自然天性和我的纯真本性浑然一体的缘故吧。"

例句

- 其工程之大,成立之速,真所谓鬼斧神工,不可思议者也。(孙中山《建国方略》)
- 这件微雕作品用放大镜看去,山水层次分明,人物栩栩如生,真称得上是鬼斧神工。

成语个性

也写作"神工鬼斧"。故事中的"鐻"也写作"虡(jù)",是古代用来挂钟、磬(qìng)等乐器的架子两侧的柱子,柱子通常雕成猛兽等形象。

5

画龙点睛

huà lóng diǎn jīng

唐·张彦远《历代名画记》:"武帝崇饰佛寺,多命僧繇画之……金陵安乐寺四白龙不点眼睛,每云:'点睛即飞去。'人以为妄诞,固请点之,须臾(yú)雷电破壁,两龙乘云腾去上天,二龙未点眼者见在。"

释 为画好的龙点上眼睛。比喻艺术创作时,在关键的地方着上一笔,或写作、说话时在关键处使用精辟词语,让内容更加生动传神。

近义 点睛之笔 点石成金

反义 弄巧成拙 画蛇添足

南北朝时期，有一位很厉害的大画家，名叫张僧繇（yáo）。之所以说他厉害，是因为他的画不仅美，而且充满灵气。当时的皇帝梁武帝崇信佛教，喜欢修建寺庙，并对寺庙建筑加以精心装饰，经常让张僧繇为寺庙绘制壁画。

传说有一次，张僧繇为都城里的安乐寺绘制壁画，只用了三天时间，就画出了四条白色巨龙。人们听说张僧繇的壁画画好了，纷纷赶过来观赏。

"这龙简直就像活的一样。"人们啧啧称赞。

"但是为什么这四条龙都没有眼睛呢？"其中一个人走近壁画后问道。

"是啊，怎么都没有眼睛呢？"经人提醒，大家才注意到这一点。

"画上眼睛并不难，但实在是不敢画啊。"张僧繇说。

"为什么啊？"

"这白龙如果被点上眼睛，恐怕就要飞走了。"张僧繇回答说。

"哈哈，这也太唬（hǔ）人了，怎么可能呢？"大家听了这话都哈哈大笑起来，觉得张僧繇只是在故弄玄虚而已。

"你就画上眼睛，让我们看看它是怎么飞走的。"有人说。

张僧繇实在拗不过，勉强答应，但他只肯为两条白龙点上眼睛，他说："怎么着也得为这座庙宇留下两条龙吧。"

这时，周围的人越聚越多，只见张僧繇提起笔，轻轻地为两条白龙点上了眼睛。刹那间，天空乌云密布，雷声轰鸣，两条被点上眼睛的白色巨龙真的从墙壁飞出，驾着云雾，张牙舞爪地奔向了天空，过了好一会儿才云开雾散，露出晴天。亲眼见证这一幕的人们一直吃惊地张着嘴巴，许久才合上。

后来，安乐寺的墙壁上就只有两条没有眼睛的白色巨龙。

例句

写别的文章，可以从容不迫地叙述，到适当的地方拿出一二警句，振动全段，画龙点睛。相声不满足于此。（老舍《戏曲语言》）

这篇文章前面都是平铺直叙，并不出彩，但最后这一句真是画龙点睛之笔，顿时让整篇文章有了深意。

成语个性

成语"破壁飞去"也是出自这个故事，只是主角由画家张僧繇换成了壁画上的龙。原本只是壁画上的两条假龙，因为被画家点上了眼睛，竟然变成了真的龙，从墙壁上飞出来了。比喻一个人突然变得有钱有势，飞黄腾达。

游刃有余
yóu rèn yǒu yú

战国·庄周《庄子·养生主》:"彼节者有间,而刀刃者无厚。以无厚入有间,恢恢乎其于游刃必有余地矣。"

释 刀刃对准空隙运转,有很大的回旋余地。形容经验丰富,技艺娴熟,做事情轻松利落。

近义 得心应手 轻而易举 **反义** 无从下手 勉为其难

05 技艺和文采 / 技艺·游刃有余

战国时代，有一个厨师名叫庖丁，他有一项绝技——解牛。看过他分解牛的人莫不惊叹于他高超的技艺。据说一头整牛摆在他面前，他的刀在牛的身体里游走一圈，一头牛就被全部分解开来，骨肉分离。

这一天，梁惠王召见庖丁，问道："你是怎么把解牛这件事做得这么出神入化的？"

庖丁回答说："您先看看我解牛用的刀吧。"

梁惠王仔细看了看庖丁的刀，刀刃锋利，没有任何缺口。

梁惠王说："难道是因为你有一把宝刀？"

"这就是一把普通的刀，但我已经用了十九年了。"庖丁说，"普通厨师一个月就要换一把刀，那是因为他们用刀去砍骨头。即便技术高一些的厨师，也会一年换一把刀，因为他们用刀去割肉。而我在十九年里，解了数千头牛，不仅始终用这一把刀，而且刀口仍然十分锋利，就像刚磨出来的一样。"

"你是怎么做到的？"梁惠王好奇地问。

"我喜欢探索事物的规律。最开始学习解牛时，我眼里看到的无非就是一整头牛。但三年之后，我眼中就没有整头的牛了，看到的都是牛一个个具体的部位。我掌握了牛的肌理结构，知道牛的肌肉骨骼间都有空隙，所以我看准空隙下刀，顺着牛的肌理去解剖，从不乱砍乱剁，胡乱切割。牛的骨头之间有缝隙，而刀刃非常薄，用薄薄的刀刃插进骨缝，一定会有很大的回旋余地。所以我的刀用了十九年依然锋利如新。"

梁惠王感叹地说："听了你这一番话，我真的明白了不少道理。再复杂的事情，只要反复练习，都能找到规律，做到得心应手啊！"

例句

🍄 现在他们全力来做公债，自然觉得游刃有余。（茅盾《子夜》）

🍄 他的英文很好，翻译这篇文章肯定是游刃有余。

成语个性

这个故事出了三个成语：庖丁解牛、目无全牛、游刃有余，都是用来形容技法高超，做事轻松。"庖丁解牛"可以和"游刃有余"连用，其他的连用形式还有"得心应手，游刃有余""挥洒自如，游刃有余"。

雕虫小技

diāo chóng xiǎo jì

汉·扬雄《法言·吾子》:"或问:'吾子少而好赋?'曰:'然。童子雕虫篆刻。'俄而曰:'壮夫不为也。'"

释 虫:虫书,古代汉字的一种字体。比喻微不足道的技能。

近义 鸡鸣狗盗 花拳绣腿

反义 雄才大略 经天纬地

唐朝时期，有一位叫韩朝宗的官员，他做荆州刺史的时候，曾为朝廷举荐过许多优秀的人才。后来大家都知道他爱惜有才华的年轻人，乐于提拔新人。

李白是唐代的大诗人，十岁时，琴棋书画就样样精通，名声传遍了家乡。

有一次，李白和朋友们聊天，有人提议说："你的学识这么丰富，写诗作文又有文采，为什么不去做官呢？"

"我是有抱负的，但不想通过考试一步步进入仕途，那样太慢了。"

这时另一个人说："你听说过韩朝宗大人吗？他很乐于推荐有才华的年轻人，据说不少年轻人通过他的举荐都做了官。"

李白想了想，说："好，那我就写一封自荐信给他。"

李白的自荐信就叫《与韩荆州书》。这封信文风洒脱，充满豪气，既表明了对韩大人的敬重，又展现了自己的个性和才情。他在信中写道："请日试万言，倚马可待。"意思是说，我写文章非常快，一天能写一万字，您如果不信的话可以试着考考我。情势紧急时，我可以站在出征的战马旁边写，立刻就能写好。到了信的结尾处，李白还很谦虚地补了一句："恐雕虫小技，不合大人。"意思是说，这都是些微不足道的小伎俩，只怕不合大人的心意。

后来，李白果然在韩朝宗、贺知章等人的大力推荐下，受到了当时的皇帝唐玄宗的接见。唐玄宗十分欣赏李白的文才，于是把他留下来当了一名翰林官，工作内容主要是给皇上写写诗文，记录皇帝的宴会或郊游盛况。

不过，李白志向远大，这种为皇帝和妃子写诗的生活并不是他想要的。加上他性格狂放，恃才傲物，一些嫉妒他的官员经常在唐玄宗面前说他的坏话。李白待了两年多后，就离开了都城长安。

例句

🟤 这些玩意儿，尽是些雕虫小技，不过解闷消闲。我讲的是长枪大戟，东荡西驰的本领。（清·文康《儿女英雄传》）

🟤 我会的都是些雕虫小技，实在没有什么值得拿出来展示的。

成语个性

本故事中，李白在说到自己的写作才能时，用了两个成语：日试万言、倚马可待，都是用来形容写作速度快。"雕虫小技"是从"雕虫篆刻"发展而来的。"虫"指的是虫书，是一种笔画像虫子般弯曲的字体；"刻"指刻符，是一种刻在符节上的篆体字。虫书和刻符是秦代八种字体中的两种。秦汉时期，开始读书识字的小朋友都要先学习虫书和刻符，所以这个成语用来比喻微不足道的小技能。

误笔成蝇
wù bǐ chéng yíng

晋·陈寿《三国志·吴书·赵达传》南朝宋·裴松之注引《吴录》："曹不兴善画，权使画屏风，误落笔点素，因就以作蝇。既进御，权以为生蝇，举手弹之。"

释 把误落的墨点改画成苍蝇。比喻绘画技艺高超。

近义 点石成金　点铁成金

反义 点金成铁　画蛇添足

技艺和文采 绘画·误笔成蝇

三国时期，有一年，吴国的宫廷中新添置了一扇屏风，雕工精美的木架，雪白的绢素，看起来十分雅致。但皇帝孙权总觉得这屏风少了点什么，就让大家一起帮忙出主意。

"屏风精致素雅，但少了生气，如果能在绢素上画上图画就更好了。"有人提议说。

"这个提议不错，但是找谁来画呢？"孙权问。

"自然是八绝之一的曹不兴了。"

当时吴国民间有八个知名人物，他们每人都精通一项绝技，所以被人们合称为"吴中八绝"。曹不兴就是八绝之一，他的绝技是绘画。

很快，曹不兴就被召进宫中。他站在屏风前，一边想着要画些什么，一边提起笔蘸了蘸墨水，一不留神，一滴墨汁竟然滴到了绢素上。雪白的绢素上，即便是一个小小的墨滴也分外显眼。

在一旁伺候的人看见眼前这一幕，开始窃窃私语："这下可糟了！"

"是啊，真是可惜了！"

但是曹不兴一点儿都没慌，他端详着那个小墨点，突然有了灵感。起初他还没想好在屏风上画什么，现在却已经胸有成竹了。只见他在墨点上添了几笔，一只栩栩如生的苍蝇就出现了。

"这也太厉害了吧！"伺候的人无不赞叹。

配合着这只小苍蝇，曹不兴又画上了一些花花草草，整个画面布局匀称，疏密有致。

曹不兴把画好的屏风献给孙权。孙权仔细看着屏风上的画，欣慰地点着头，之后伸出手往绢素上掸了掸。只见他先是一愣，接着哈哈大笑起来，说："原来这个苍蝇是你画上去的，真是能以假乱真啊！"

🌰 例句

🍃 刻错了一笔并不意味着这块玉料就废了，只要有误笔成蝇的巧思，照样可以雕刻出一件漂亮的艺术品。

🍃 他有误笔成蝇的本事，你画错的地方让他改改吧。

成 语 个 性

也写作"落墨为蝇"。

15

入木三分
rù mù sān fēn

唐·张怀瓘(guàn)《书断·王羲之》:"晋帝时祭北郊,更祝版,工人削之,笔入木三分。"

释 形容书法笔力强劲,也比喻见解精辟,分析深刻。

近义 鞭辟入里 力透纸背 刻画入微

反义 轻描淡写 无关痛痒 不着边际

东晋时期的王羲之是中国历史上著名的大书法家,被后世尊称为"书圣"。他从小就喜欢书法,七岁时就写得非常不错了。十二岁那年,有一天,王羲之看见父亲往枕头下面放了一本书。他很好奇,就趁父亲不在的时候去翻看。

"这就是父亲提过的《笔说》?"翻看了几页,王羲之就入迷了,"书里的讲解太精妙了。"从此以后,王羲之只要有机会就偷偷去读父亲的这本书。

王羲之的父亲王旷也是一位书法家,发现儿子偷看他的书后,问他说:"你为什么要偷看我枕头下的书?"王羲之只是笑笑,也不回答父亲的问话。母亲听了问他:"你是想要学写字的笔法吗?"父亲担心他年纪太小,没法领悟书中的内容,就对王羲之说:"等你长大些,我再教你书法吧。"

王羲之连忙跪在地上说："请父亲现在就教我吧，如果等到长大后才教，只怕会耽误我少年时的才华呀！"王旷很高兴自己的孩子能够这么热爱书法，当即就把书送给了王羲之。这之后不到一个月，王羲之的书法就突飞猛进。

卫夫人是当时一位很出名的女书法家，也是王羲之的书法启蒙老师。她看过王羲之的字后说："这个孩子近段时间写的字十分老成，一定是看过《笔说》了。今后，他的名声一定会超过我的。"

王羲之日夜研究、练习书法，终于名声大振。这一年，皇帝要去北郊祭奠神灵，于是请来王羲之，让他在木板上写祝词，挂在神位上方。祭祀那天，看到祝词的人都对王羲之的书法赞不绝口。

到了第二年，工人们想再次利用木板，但上面的墨字怎么擦都擦不掉，他们只好用刀子削。这一削才发现，那些字的墨迹已经透进木板三分深了。

成语个性

成语中的"分"是个长度单位，一分约为3.33毫米，三分是1厘米，橡皮擦的厚度大概就是三分。

例句

细视良久，则笔意透出绢外，神彩奕然，乃知古云入木三分不虚也。（明·沈德符《万历野获编》）

对人物的刻画只有从细节入手，才能做到入木三分。

余音绕梁
yú yīn rào liáng

战国·列御寇《列子·汤问》："韩娥东之齐，匮(kuì)粮，过雍门，鬻(yù)歌假食，既去而余音绕梁，三日不绝。"

释 曲子结束后，余音仍绕着屋梁回旋不绝。形容乐音美妙动听，令人回味。也比喻诗文韵味深长。

近义 余音袅袅 回味无穷
反义 索然无味 不堪入耳

春秋时期,韩国有一位女歌手,名叫韩娥。她长得很漂亮,五官秀美精致,眼睛清澈如水,但是最吸引人的还是她美妙的歌喉,她的歌声总能让人陶醉。不过,她生长在一个不重视艺术的地方,即便有再好的歌喉,也不能为她换来安稳富足的生活,她的日子过得很贫苦。

有一次,她路过齐国的都城临淄(zī),身上带的钱都花完了,干粮也吃完了,不仅没有地方睡觉,就连吃饭都成了问题。饿着肚子的韩娥到处碰壁,没有人肯接济她一顿饭。她虚弱地坐在墙角,心想,我身上一点儿值钱的东西也没有,如果再不吃东西会饿死的。我只会唱歌,不如就找个地方卖唱,赚点盘缠吧。

当时,临淄城的经济比较发达,人们的业余生活十分丰富,懂音乐的人也很多。当人们听到婉转悠扬的歌声时,都循着声音找了过来,只见城门口有一位美丽的少女正在唱歌。

韩娥的歌声凄美动人,好像将周围的空气都染上了悲凉的味道。原本赶路的、做生意的、吵架的、玩闹的,都停下来去听她唱歌了。听歌的人一圈圈将韩娥围在中间,人越聚越多。等韩娥唱完了,人们纷纷拿出钱来打赏她。

韩娥有了盘缠,终于可以吃饱饭后继续赶路了,但她的歌声好像依旧荡漾在城楼栋梁的周围,三天都没有消失。

🌰 例句

🥠 当年读书,见古人形容歌声的好处,有那"余音绕梁,三日不绝"的话,我总不懂。(清·刘鹗《老残游记》)

🥠 钢琴家一曲终了,但那美妙的琴声仍是余音绕梁,久久不绝。

成语个性

通常会连用成"余音绕梁,三日不绝"。关于美妙音乐的典故,除了韩娥的歌声"绕梁三日"外,还有孔子听韶乐后"三月不知肉味"。韶乐是中国古代的一种宫廷音乐,孔子在齐国欣赏过韶乐后,一直沉浸在音乐的美妙中,整天弹奏揣摩,以至于在三个月里吃肉时都尝不出肉的滋味。

百步穿杨
bǎi bù chuān yáng

汉·刘向《战国策·西周策》:"楚有养由基者,善射,去柳叶者百步而射之,百发百中。"

释 形容射箭或射击技术高超。

近义 百发百中 弹无虚发

春秋时期,楚国有一位名将叫养由基,他勇猛过人、箭法精湛。当时,楚国还有一个叫潘党的勇士,也很擅长射箭,他总想着要和养由基比试比试。

这一天,两个人正巧碰到了。潘党说:"我们今天就比试一下,看看到底谁的箭法更好。"

"好啊!怎么比?"养由基问。

"我们站在距离靶子五十步的位置,谁能射中靶心,谁就赢。"

潘党说完规则,还没等养由基说话,就摆开了架势。只见他拉开强弓,一连射了三箭,全部正中红心。

"好!"周围的人不住地叫好。

潘党得意扬扬,对养由基拱拱手说:"该你了,请多指教。"

养由基笑了笑,说:"第一,距离箭靶五十步,太近了;第二,居然三支箭都能射在红心上,可见红心太大了。我们还是射一百步远的柳叶吧。"

"真的假的?这也太难了吧!"周围的人都不相信养由基可以做到,潘党也认为他是在吹牛。

养由基命人在一百步以外的柳树上挑一片树叶,涂成红色,定为靶子。接着,他拉开弓箭,只听"嗖"的一声,箭

05 技艺和文采 · 箭法 · 百步穿杨

头直奔树叶飞去，正好穿过树叶中心。在场的人都惊呆了，他们从来没见过这么出神入化的箭术。

潘党看到养由基精湛的箭术，不由得在心里暗暗佩服，但为了给自己找回些面子，他打算给养由基出点难题。于是，他走到那棵柳树下，亲自挑选了三片柳叶，并且标注上编号。"你按照这个编号再射一次，我才相信你刚才不只是运气好而已。"潘党说。

养由基走到树下看清树叶编号后，退回一百步，搭弓射箭。嗖嗖嗖，三声过后，三支箭按照序号依次穿过了三片柳叶。这下，再也没有人怀疑他的箭术了，所有人都为他大声喝彩，挑起这场比赛的潘党也心服口服了。

例句

- 云长吃了一惊，带箭回寨，方知黄忠有百步穿杨之能，今日只射盔缨，正是报昨日不杀之恩也。（明·罗贯中《三国演义》）
- 在奥运会射箭比赛的赛场上，能进决赛的，都有百步穿杨的本事。

成语个性

杨树和柳树是两种不同的树，柳树的叶子比杨树叶小，所以射中柳树叶的难度更大些。本故事中神箭手射的是柳树叶，为什么这个成语却是"百步穿杨"呢？这是因为在中国古代，柳树被称为杨柳。据说，隋炀帝杨广在江南游玩时，十分喜欢运河两岸的柳树，于是就赐柳树姓"杨"，享受与帝王同姓的待遇，所以柳树被称为杨柳。实际上，在隋代之前，柳树也是被称为杨柳的。《诗经》中的诗句"昔我往矣，杨柳依依；今我来思，雨雪霏霏"，这里的杨柳指的就是柳树。

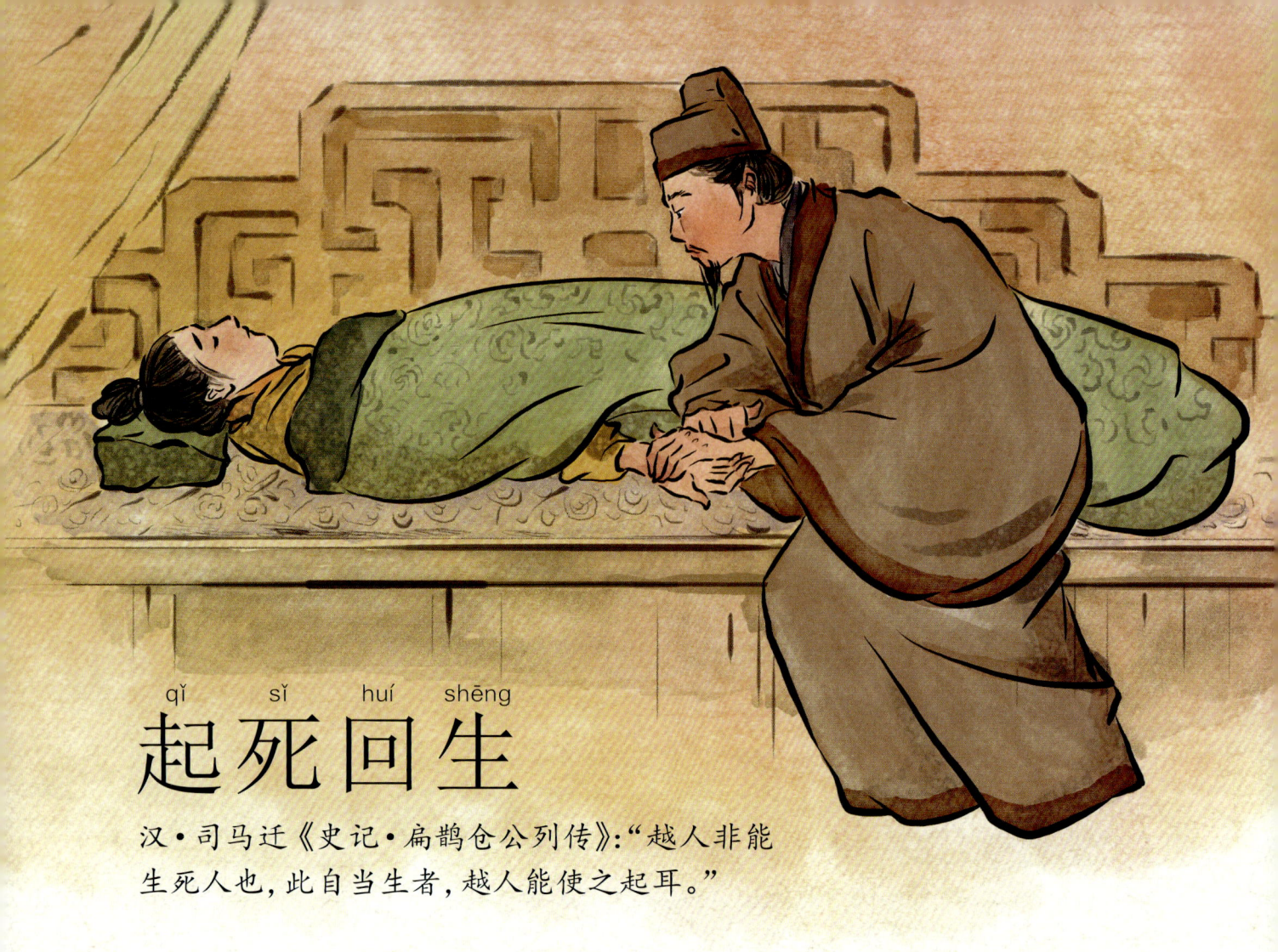

起死回生
qǐ sǐ huí shēng

汉·司马迁《史记·扁鹊仓公列传》："越人非能生死人也，此自当生者，越人能使之起耳。"

释 把快要死的人救活。形容医术高明。也比喻把陷入绝境的事物挽救过来。

近义 妙手回春 化险为夷

反义 病入膏肓 不可救药

春秋战国时期，有一位医术很棒的医生名叫秦越人。他有着丰富的看诊经验，掌握了各种疾病的治疗方法。他只要观看一个人的气色，再听听这个人的呼吸，基本就知道病人病在哪里了。他治好过很多人，所以人们都叫他神医。上古时代，黄帝时有一位神医名叫扁鹊，于是人们就把秦越人称为扁鹊。

扁鹊喜欢周游列国，四处行医。这一次他来到了虢（guó）国，刚到就听百姓们在议论："你说咱们太子得的是什么病？怎么谁都治不好呢？"

"就是啊，真可怜，年纪轻轻的。"

"你们知道吗？听说太子今天早上已经死了。"

扁鹊一听，连忙请求进宫察看太子的情况。当他看到太子的时候，太子躺在床上一动不动，像死了一样。扁鹊走

05 技艺和文采 / 医术·起死回生

到太子床前，仔仔细细地检查了一遍。他把耳朵贴近太子的鼻子，还能听到轻微的呼吸；摸摸太子的双腿，发现内侧还有一丝体温；切脉的时候，虽然脉搏跳动微弱，但依旧在跳着。于是，扁鹊说："太子还没死，希望我可以救活他。"

扁鹊用针灸的方法让太子的气息更加顺畅，之后在太子的两侧腋下热敷。不一会儿，太子真的醒了过来。大家高兴得不得了，太子也频频向扁鹊致谢。扁鹊说："我再给您开几服药，用不了多久您应该就会痊愈了。"

太子服用一段时间汤药后，果然完全康复了。当时的人们都说："扁鹊真是神医啊，都能把死人治活。"扁鹊却说："并不是我能把死人治活，而是太子还有生机，所以我才能治好他。"

例句

🌰 桐城文的病在弱在窄，他却能以深博的学问，弘通的见识，雄直的气势，使它起死回生。（朱自清《文第十三》）

🌰 下这盘棋时，我本来以为自己输定了，可我看到了对方的一个破绽，一步就起死回生了。

成语个性

中医看病讲究望、闻、问、切。望，就是看气色，看身体状况；闻，包括听声音和闻气味，主要是听说话、咳嗽、呼吸的声音，闻嘴里、身上散发出来的气味；问，是指询问病症、病史；切，就是摸脉搏，查看脉象。

七步成章
qī bù chéng zhāng

南朝宋·刘义庆《世说新语·文学》:"文帝尝令东阿王七步中作诗,不成者行大法。应声便为诗曰:'煮豆持作羹,漉菽以为汁。萁在釜下燃,豆在釜中泣。本是同根生,相煎何太急!'"

释 比喻有才气、文思敏捷。　　**近义** 五步成诗　　**反义** 江郎才尽

东汉末年,政治家曹操的第四个儿子曹植是当时最负盛名的文学家。曹植从小聪明好学,十岁就能背诵大量的诗词歌赋,深得曹操宠爱。曹操共有二十五个儿子,在长子战死沙场之后,他一度想要立曹植为世子(帝王和诸侯的儿子中继承王位或爵位的人),但是曹植不看重礼法,行为放荡不羁,曹操才选了次子曹丕(pī)。

曹操去世后,曹丕继任魏王。不久后,他又自立为皇帝,结束了汉朝的统治,建立了魏国。

曹丕当上皇帝之后,总是担心他的兄弟们会来和他争抢皇位,于是决定先下手为强。他先是夺了三弟曹彰的兵权,又逼得五弟曹熊上吊自杀,并派人严密监视曹植的一举一动,处处限制他的行动。

这一天,曹植喝了很多酒,酒后终于把压抑已久的愤懑(mèn)情绪发泄了出来。他大骂曹丕的所作所为,骂过还不解恨,还大喊:"来人,把曹丕派来的人都给我抓起来。"

当时是过瘾了,可酒醒之后曹植却后悔不迭,他料到曹丕知道这件事之后会十分生气,甚至可能借着这个机会直接把他除掉。果不其然,没过几天曹植就收到了曹丕的诏书,命他去京城洛阳。

曹植从封地来到洛阳，站在了大殿上。曹丕对曹植说："你我兄弟一场，你就以'兄弟'为题作一首诗。但是，你只有走七步的时间，如果七步之后诗还没作好，就不要怪我无情了。"

曹植不假思索地回答一声好，便迈开腿走了一步。这时一阵豆香飘了过来，他顿时有了灵感，边迈步边吟诵道："煮豆持作羹，漉（lù）菽（shū）以为汁。萁（qí）在釜下燃，豆在釜中泣。本是同根生，相煎何太急！"诗句念完，正好走完七步。

后来这首诗流传最广的是这样四句："煮豆燃豆萁，豆在釜中泣。本是同根生，相煎何太急？"豆萁就是大豆的茎秆，晒干了可以当柴烧。豆子原本长在豆茎上，现在居然用豆茎来烧豆子，正好用来比喻兄弟相残的残忍。

曹丕听了曹植的诗，脸上露出了惭愧的表情，另外也是为了保住自己的名声，所以赦免了曹植的罪，只是将他贬为安平侯。曹植用他的文才逃过了一劫。

技艺和文采 / 文才·七步成章

例句

- 闻得老丈诗学有七步之才，想来素日篇什必多，特来求教。（清·李汝珍《镜花缘》）
- 就算你的语文再好，有七步成章的本事，数学分数低，学科总分数也不会高。

成语个性

也写作"七步成诗""七步之才"。还有一个和"七步成章"相似的成语叫"五步成诗"，这个成语典故来自于唐代的史青。史青给唐玄宗上书，自称能在五步之内作出诗。唐玄宗于是把他召到宫中，以除夕、上元、竹火笼等为题，命他当场作诗，史青果然张口就来。玄宗听了大加称赞，当即给他封了官。作几首诗就能当上大官，这样的事可能也只有唐代才有。诗歌能在唐朝发展到这么高的水平，与统治者的重视是分不开的，很多皇帝本人就是诗人。

文不加点

wén bù jiā diǎn

南朝宋·范晔《后汉书·祢衡传》："衡揽笔而作，文无加点，辞采甚丽。"

释 点：涂改。文章从头到尾没有修改过一处，一气写完。形容才思敏捷，下笔成章。

近义 一气呵成　一挥而就

反义 咬文嚼字　字斟句酌

东汉末年，有一位家喻户晓的名士叫祢（mí）衡，他不仅写得一手好文章，而且特别擅长辩论。二十岁那年，有人把他推荐给了汉献帝。只可惜当时皇帝已经没有实权，朝政大权都掌控在丞相曹操手里。

祢衡性情高傲，看不起夺权的曹操，对他十分厌恶。曹操怀恨在心，总想找个机会羞辱一下祢衡。一天，曹操派人找来祢衡，对他说："明天我要大宴宾客，你就去做鼓手吧。"曹操心想，祢衡不是自视清高吗，那就让他做个地位低下的鼓手，在宴会上供大家取乐。

"好。"祢衡很干脆地答应了。

第二天一早，宾客们都来赴宴了。客人们彼此间客套地寒暄着，空气中都是恭维的味道。可是祢衡到场时，却穿着一身破衣烂衫，以显示他对曹操的轻视。侍卫见了说："在丞相的宴席上你居然穿成这样？赶紧换掉。"于是，祢衡不慌不忙地脱掉外衣，接着又脱下了内衣，最后赤身裸体地走过去击鼓。

祢衡把怨愤都倾注在鼓声中，引得文武百官都往他那边看。祢衡的脸上没有一点羞愧的神色，反倒是曹操觉得羞愧难当。当着众人的面，他也不好发火，只好自嘲地说："我本来想羞辱他，没想到反倒被他羞辱了。"

曹操恨极了祢衡，又碍于祢衡的名声，不能杀他，于是把他推荐给了荆州牧刘表。可祢衡也看不惯刘表，刘表又转而把他推荐给了江夏太守黄祖。黄祖让他做了一名书记官，帮自己写写公文奏章。祢衡写的文章很合黄祖心意，黄祖的儿子黄射对他的才学也是敬佩有加。

一次，黄射大宴宾客，宴会上有人送给他一只鹦鹉。

"你看它的羽毛，颜色真鲜艳啊。"

"是啊，那纤长的尾巴就像漂亮的长裙一样。"

当宾客们纷纷称赞鹦鹉的外表时，

05 技艺和文采

文才·文不加点

鹦鹉居然说话了，而且语音清脆、吐字清晰，可爱极了。黄射非常高兴，连忙对祢衡说："先生，您能不能为这只鹦鹉写一篇文章呢？"

祢衡也来了兴致，立刻答应。他拿过纸笔，一气呵成写完了一篇《鹦鹉赋》。从头到尾没有一处修改，而且文句优美，辞藻华丽。在场的客人们都十分佩服。

例句

🌰 度尚令邯郸淳作文镌碑以记其事。时邯郸淳年方十三岁，文不加点，一挥而就。（明·罗贯中《三国演义》）

🌰 做到文不加点的确很难，但写作文时也最好要想清楚再下笔，尽量少涂改。

成语个性

"文不加点"中的"点"可不是标点符号，古人写的文章，全篇都是没有标点符号的。古代的小朋友上学后，除了识字、背书，还有一项重要的内容要学习，就是断句。拿到一篇文章，里面的文字都是连在一起的，所以要一边读，一边根据文章的意思做停顿，并在停顿的地方画一个句号般的小圈。断句断得不对，就可能会弄错意思，闹出大笑话来。古人写文章时，如果写了错字、不合适的字，就用笔在字的右上角涂个点，表示删去，这个叫"点"，本成语中的"点"就是这个意思。

29

一挥而就

yì huī ér jiù

元·脱脱《宋史·文天祥列传》:"年二十举进士,对策集英殿……天祥以法天不息为对,其言万余,不为稿,一挥而成。"

释 就:完成。一挥笔就完成了。形容书写诗词、文章时,思维敏捷,速度很快。

近义 下笔千言 一气呵成 倚马可待　　**反义** 咬文嚼字 字斟句酌 雕章镂句

南宋末年的文天祥是我国历史上著名的爱国诗人。他二十岁时去参加进士考试,考场上,他手中的笔就没有停过,一万多字的文章一气呵成。考官看过他的文章后,惊叹说:"这个文天祥真是个人才啊!他这篇文章不仅文采出众,而且对政治也有自己独到的见解。"

于是,主考官把文天祥推荐给当时的皇帝宋理宗,并说:"文天祥这个人,从他的文章可以看出他忠肝义胆,而且有着钢铁般的意志,他在考场上写的这篇文章也

足以成为经典著作。恭喜皇上能得到这样的人才。"

宋理宗看过文章后，欣喜地说："他就是这次考试的状元。"随后大笔一挥，钦点了文天祥为第一名。

后来，文天祥被派到江西当了一名地方官。当时的南宋朝廷内忧外患，内有奸臣卖国求荣，外有北方的元军虎视眈眈。这一天，文天祥听说元军已经攻打到首都临安（现在的浙江省杭州市）了。文天祥说："把我的家产都卖了吧，换了钱发给士兵们当军饷，我们去临安。"随后文天祥亲自率军赶到临安，准备和元军大战一场。

文天祥的几次进攻给敌人造成了沉重的打击，但最终还是寡不敌众，文天祥不幸被俘。元朝皇帝忽必烈很欣赏文天祥的为人，想让他投降，于是让已经投降元朝的原宋军将领去劝说文天祥。派出的降将对文天祥说："我投降之后，元军对我很好，以你的才能，将来的地位一定会超过我。你也投降吧。"

文天祥毫不动心，坚定地说："就算死，我也不会投降的。"

在被关押的日子里，文天祥写了一首七言律诗，最后两句是："人生自古谁无死，留取丹心照汗青。"意思是说，自古以来，人终究免不了一死，我愿用我的一片赤诚之心映照史册。

忽必烈既舍不得杀了他，又痛恨他不能为自己所用。文天祥在元大都（现在的北京市）的土牢里被关了四年后，气节不改，最后英勇就义。

🌰 例句

🍃 黛玉道："你们都有了。"说着，提笔一挥而就，掷与众。（清·曹雪芹《红楼梦》）

🍃 写这篇作文时，他文思如泉涌，下笔如有神，几乎是一挥而就。

倚马可待 yǐ mǎ kě dài

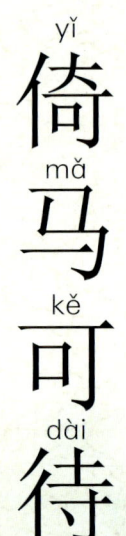

南朝宋·刘义庆《世说新语·文学》:"桓宣武北征,袁虎时从,被责免官。会须露布文,唤袁倚马前令作。手不辍笔,俄得七纸,殊可观。"

释 倚着马背写文章,可以立等完稿。比喻文思敏捷,写作速度快。

近义 文不加点 一挥而就

反义 搜索枯肠 冥思苦想

05 技艺和文采 / 文才·倚马可待

东晋时期,有一个叫袁虎的年轻人,出生在一个家世显赫的家族。可他小时候父亲就去世了,随后家境慢慢衰落,到最后连吃饭都成了问题。为了生活,袁虎只好出去打工,运送农民作为地租缴纳给朝廷的大米。

这天晚上,他工作了一天后坐在船上休息。迎面清风吹来,皎洁明亮的月光洒在水面上,这让他突然伤感起来。他把所有的心事都化作一首诗,高声吟诵出来。碰巧,镇西将军谢尚从船边走过。

"这是什么诗?为什么这么好的诗我却从来没听过?"谢尚问随从的人。

"我们也都没听过。"

"去把咏诗的人叫来,我要问问他。"谢尚说。

不一会儿,袁虎被带到了谢尚面前。谢尚问:"你刚才吟诵的是什么诗?"

"是我自己写的《咏史诗》。"袁虎回答说。

"是你自己写的?"看着眼前这个民工模样的年轻人,谢尚非常惊讶。在随后的交谈中,谢尚知道了袁虎的身世,便问道:"你愿意跟我走吗?"袁虎当然愿意。后来,谢尚又把袁虎推荐给了大司马桓温。桓温见他文采出众,就让他负责起草府内的各种文书。

有一年,北方大乱,东晋朝廷想趁乱收复北方,于是桓温率领大军北伐,袁虎也跟着一起出征。在北伐途中,袁虎因为犯了军法,被桓温免去了职位。桓温领兵作战十分老练,但写文章、布告什么的可不行,于是仍旧把袁虎留在身边。

这一天,战士们马上就要出征,可是传递军事消息的公文还没写。桓温赶紧找来袁虎。袁虎就靠在马背上奋笔疾书,很快就写满了七张纸,而且文采也很出色。当时在一旁亲眼目睹的人都对袁虎赞叹不已。

例句

- 请日试万言,倚马可待。(唐·李白《与韩荆州书》)
- 这篇文章要得急,你可以展示一下自己倚马可待的才能了。

成语个性

常见的连用形式有"日试万言,倚马可待"。

妙笔生花
miào bǐ shēng huā

五代后周·王仁裕《开元天宝遗事·梦笔头生花》:"李太白少时,梦所用之笔头上生花,后天才赡(shàn)逸,名闻天下。"

释 形容文笔好,才思敏捷。　　**近义** 文思泉涌　**反义** 搜索枯肠

传说唐朝著名诗人李白年轻时,有一天晚上在油灯下看书,看得入神,就忘记了时间。不知不觉,已经过去了三个时辰,李白的上下眼皮开始打架,就趴在桌子上睡着了。

这时,突然传来一阵幽香。"好香啊!"李白四下看看,惊讶地看到自己手中的毛笔杆上正开出一朵鲜艳的花来。那花香真是沁人心脾。过了一会儿,从空中飘下来好多白纸,它们一张接一张地飞到李白的笔下。

"笔和纸都有了,就差我的诗了。"李白马上挥毫作书,兴奋地写了一张又一张。不一会儿,他的身边就开满了鲜花。原来,李白写的字随着一张张白纸落地,都变成了美丽的花朵。

李白兴奋得笑出了声,一下笑醒了,这才发现刚才发生的事情只是一场梦。但传说,自从梦到笔杆上开出花朵之后,李白就下笔如有神,名诗佳句源源而出。

后来,李白由朋友举荐去了京城,见到了贺知章。贺知章不仅爱才,自己也很有才华。他年轻的时候就以诗词闻名,后来又中了状元。贺知章看了李白的诗十分震惊,说:"你的诗太好了,你一定是天上被贬下凡的神仙(谪仙)吧!"

从此,李白声名大振,后人沿用"谪(zhé)仙"的说法,称李白为诗仙。

成语个性

成语"生花妙笔""笔头生花""梦笔生花"都是出自这个典故。故事中提到的时辰是古代的计时单位,一个时辰相当于现在的两个小时。

05 技艺和文采 / 文才·妙笔生花

🍯 例句

🍂 黄叶地是真正的文墨书生，诗词歌赋无所不精，妙笔生花文情并茂。（刘绍棠《村妇》）

🍂 注意观察生活中的细节，扩大自己的词汇量，写作时才能妙笔生花。

嘲风咏月
cháo fēng yǒng yuè

宋·胡讷(nè)《见闻录》:"(太宗)见江南臣在上而故主居下,谓侍臣曰:'不能修霸业,但嘲风咏月,今日宜矣。'"

释 写风、月等自然景象的诗词,比喻诗文内容空泛。也泛指写诗作词。

近义 空洞无物

反义 微言大义

李煜(yù)是五代十国时期南唐的最后一位皇帝。他出生在皇宫,从小被宠大,吃的用的都是最好的,成年后生活也十分奢侈。他喜欢一切风雅的事物,喜欢艺术,喜欢写诗作词,留下了许多名篇佳句。

李煜特别痴情。大周后是他深爱的妻子,李煜曾为她写过好多诗词。有一次,大周后生病了,他怕别人照顾不好,亲自没日没夜地照顾,侍女端来药,他说:"给我先试试。"侍女非常吃惊,私下里都议论他真的是一位好丈夫。

05 技艺和文采

写作·嘲风咏月

可他却不是一位好君王。他没有统一天下的豪情壮志，甚至惧怕打仗。当他听说北宋灭掉南汉后，立刻上表给宋太祖表明自己投降的想法。在信里，他直接给自己降了位置，不再称自己是唐国的皇帝，而是江南国主。南唐王朝就这么轻易地亡在了他的手里。

有一次，宋太宗赵光义去翰林院查看翰林们修史的情况。他翻看了一阵诗集后，疑惑地问旁边的大臣："为什么南唐国君李煜的诗集放在下面，臣子们的诗集反倒放在上面呢？这不合礼数啊。"

大臣说："李煜虽然是一国之君，但是他没有为国家的强大、百姓的富足做过一丝一毫的努力，甚至还丢了江山。他的诗词中全是些风啊、月啊的东西，内容空虚得很，所以我们才把他的诗集编排在下面。"

赵光义听了也觉得很有道理。

成语个性

也写作"咏月嘲风""嘲风弄月"。本故事中这位爱"嘲风咏月"的南唐皇帝李煜，虽然不是一个好皇帝，却是我国历史上一位文学成就很高的著名词人。他的代表作《虞美人》："春花秋月何时了，往事知多少？小楼昨夜又东风，故国不堪回首月明中！雕栏玉砌应犹在，只是朱颜改。问君能有几多愁？恰似一江春水向东流。"虽然其中有风有月，但可不是"嘲风弄月"的空泛文章，而是表达了浓浓的故国愁思。

🍄 例句

- 咏月嘲风先要减，登山临水亦宜稀。（唐·白居易《将归渭村先寄舍弟》）
- 实干家们可不喜欢嘲风咏月的文章，他们更喜欢经过调查研究后的报告。

狗尾续貂
gǒu wěi xù diāo

唐·房玄龄《晋书·赵王伦传》："奴卒厮役亦加以爵位，每朝会，貂蝉盈坐，时人为之谚曰：'貂不足，狗尾续。'"

释 本用来讽刺封官爵太滥，后来比喻用差的续在好的后面，多指文艺作品的续作不如原来的好。

近义 鱼目混珠

反义 善始善终

　　晋武帝司马炎建立晋朝后，把自己家族的许多子弟都分封为王。他希望大家可以齐心协力，巩固司马家的家族政权。可司马炎没有想到，分封出去的王族势力越来越大，开始不满足于只做一个封国的诸侯王，他们想做皇帝。

　　司马炎死后，他的儿子司马衷继位。晋惠帝司马衷根本不懂朝政，没过多久，大权就旁落到了心狠手辣的皇后贾南风手中。分封在外的赵王司马伦看准时机，以除掉贾后为借口，带兵冲进宫廷。贾后的确是被除掉了，但朝政大权又落到了司马伦手中。

05 技艺和文采·写作·狗尾续貂

司马伦想自己当皇帝，又担心突然上位不能服众，于是找人商议："我之前一直不在朝廷，现在朝廷里都没有我的人，我怕众人不服啊。"

"那就先培养自己的政治势力，在朝廷中安排您自己的人。"他的谋臣建议道。

于是，司马伦先自封为相国，随后开始扩大自己的政治力量。只要参与谋反的人，他都封赏，甚至包括一些跑腿听差的奴仆也被封了爵位。按照当时宫廷的规定，皇帝左右的高官一般只有四人，司马伦却安排了近百人。

时机成熟后，司马伦废掉了晋惠帝司马衷，自己当上了皇帝。上朝的时候，文武百官在殿阶下挤得满满当当。然而这还不算最滑稽的，还有一件更可笑的事。当时，大官的帽子上都会插上貂尾做装饰，可司马伦任命的官员太多，珍贵的貂尾不够用了，无奈之下，只能用狗尾巴代替。为此，百姓们还编了两句歌谣讽刺这件事："貂不足，狗尾续。"

例句

🍂 尚有踊跃于前，懈弛于后，不得已而为狗尾貂续者亦有之。（清·李渔《闲情偶寄·词采第二》）

🍂 这篇文章的前面部分写得很精彩，但后面为了凑字数，写得太过拖沓，完全是狗尾续貂。

成语个性

也写作"貂不足，狗尾续""狗尾貂续"。

掷地有声
zhì dì yǒu shēng

南朝宋·刘义庆《世说新语·文学》:"孙兴公作《天台赋》成,以示范荣期云:'卿试掷地,要作金石声。'"

释 原形容文辞优美,像铜钟石磬一样铿锵悦耳。后多用来赞美人的文章或话语气势豪迈,坚定有力。

近义 斩钉截铁 铿锵有力　　**反义** 吞吞吐吐 闪烁其词

　　孙绰是东晋时期的文学家,他的文采在当时数一数二,不论是王公贵族还是官员名士,谁如果能得到孙绰的文章,都是一件值得炫耀的事。当时很多名士的墓志碑文都是邀孙绰写的。

　　孙绰当永嘉太守时,在会稽(kuài jī)山住了十多年,他喜欢那里的景致,也喜欢和志同道合的朋友一起喝酒作诗。著名的《兰亭序》,

……就是大书法家王羲之和孙绰等朋友在会稽山兰亭聚会时写成的。

这天，孙绰刚刚完成了一篇自己非常得意的文章《天台赋》，他的朋友范启正好来访。范启是朝廷大臣，他的文学才华在当时也非常出众。

"你来得正好，看看这篇文章。你试试，把这些字句扔到地上，都能发出铜钟、石磬般的铿锵之声。"说着，孙绰把《天台赋》递给了范启。

"你说的这个声音也不知道是什么调，只怕不一定能合乎韵律吧。"范启接过文稿的时候还在调侃。可当他看过文章之后，就被其中的生动描写和绝妙表达深深吸引住了，但凡看到精妙的句子时就忍不住赞叹："这才是文人写出来的话。"

🌰 例句

🍃 不但独出心裁，脱了旧套，并且斩钉截铁，字字雪亮，此等灯谜，可谓掷地有声了。（清·李汝珍《镜花缘》）

🍃 新闻发言人在答记者问时，话语立场坚定，掷地有声。

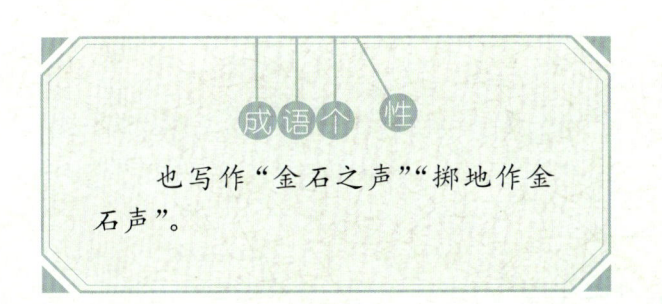

成语个性

也写作"金石之声""掷地作金石声"。

05 技艺和文采·文辞精妙·掷地有声

绝妙好辞

南朝宋·刘义庆《世说新语·捷悟》："碑背上见题作'黄绢幼妇，外孙齑臼'八字……修曰：'黄绢，色丝也，于字为"绝"；幼妇，少女也，于字为"妙"；外孙，女子也，于字为"好"；齑臼，受辛也，于字为"辞"，所谓"绝妙好辞"也。'"

释 形容文辞优美。　　**近义** 字字珠玑　　**反义** 驴鸣犬吠

东汉时期有一个女孩名叫曹娥，她的父亲曹盱（xū）是一位巫师，他们生活在会稽上虞（现在的浙江省绍兴市）。当时，吴越地区有一个习俗，每年的端午节都要祭祀潮神。

这一年的端午节也不例外。曹盱作为巫师，率领船队逆流而上，去迎接祭祀潮神。突然，天空刮起了大风，水浪翻涌，主祭船被浪打翻，曹盱也跟着落了水。等风浪平静些，人们赶紧打捞，可是找了很久都没有找到曹盱的尸体。

那一年，曹娥才十四岁，伤心欲绝的她一直在江边哭喊寻找。十七天之后，父亲仍是踪迹全无，于是绝望的曹娥跳进江中，追随父亲而去。五天后，曹娥的尸体漂了上来，她的双手抱着父亲的遗骸。见到、听到这件事的人无不落泪。

八年后，大书法家邯郸淳写了一篇碑文，纪念曹娥这个孝顺的女孩。他只用了四百多个字就把曹娥的事迹详尽地表述出来，文采出众，笔墨精妙。

《曹娥碑》名震天下，引得很多人都赶来凭吊，东汉文学家蔡邕（yōng）就是其中之一。蔡邕来到曹娥碑前时，天已经黑了，看不清字，他就用手摸着读。读完碑文，他在碑的背面刻下了八个字：黄绢幼妇，外孙齑臼（jī jiù）。这八个字太奇怪了，没有人明白蔡邕的题字到底是什么意思。

这一天，东汉丞相曹操和他的谋臣杨修一起来到曹娥碑前祭拜。他们看到蔡邕题写的八个字，起初也觉得很困惑。可是没过多久，杨修就笑着说："我知道了。"

曹操说："你来说说，这八个字是什么意思？"

杨修说："黄绢是有颜色的丝绸，所以是'绝'字；'幼妇'是少女，所以是'妙'字；外孙是女儿的儿子，那就是'好'字；'齑'是捣碎的姜蒜，'齑臼'是用来捣姜蒜的容器，也就是用来装辛料的，'受辛'合起来是个'辤'字（'辤'是'辞'的异体字）。所以'黄绢幼妇，外孙齑臼'，谜底便是'绝妙好辞'。蔡邕是在称赞《曹娥碑》文辞绝妙。"

因为这个故事，曹娥碑上蔡邕的题字也成了中国最早的字谜。

例句

🍂 文人笔端有口，能就现前真景，抒写成篇，即是绝妙好辞。（清·许印芳《与李生论诗》）

🍂 苏轼的诗词，首首都是绝妙好辞。

一字千金
yí zì qiān jīn

汉·司马迁《史记·吕不韦列传》:"布咸阳市门,悬千金其上,延诸侯游士宾客有能增损一字者予千金。"

释 形容诗文或书法作品极为精妙,价值很高。

近义 字字珠玑　　**反义** 一文不值

在古代,商人的地位很低,不被尊重。然而在战国末期有一位商人,名叫吕不韦,他不仅很会经商,赚下了千金家产,还很懂政治权术。他出谋出资,最终使得在赵国做人质的秦国公子成为了秦国太子,随后又成了一国之君。而吕不韦得到的好处就是,成为了一人之下、万人之上的丞相。后来吕不韦又成了新太子(后来的秦始皇)的仲父,秦国实权都掌握在他手中。

吕不韦的官位虽然不低,但他还是觉得早先的商人身份影响了他的威望,于是就问手下的人:"你们说,我怎样才能提高自己的声望呢?"

"您可以领兵出征,灭掉几个国家。有了显赫的战功,还愁没有威望?"有个人说。

"不行,百姓最怕打仗,劳民伤财。再说了,就算打了胜仗,还有比丞相更大的官位吗?但是一旦打输了,反倒有可能降职。"另一个人说。

"那你们谁还有更好的建议吗?"吕不韦听了大家的话,问道。

"我觉得可以著书立说。大学问家孔子写了《春秋》,用兵如神的孙子写了《孙子兵法》,如果我们也能写出一部巨著,一来可以提高您的威望,二来还可以名留青史,为后人造福。"有个人说。

吕不韦听后高兴地说:"就这么办!"

于是,吕不韦门下的三千个门客各显才学,每个人都把自己知道的事情写了出来,天地万物、从古至今的事情全都包括在内,最后再分门别类,编成"十二纪""八览""六论"三个部分,共计二十多万字。吕不韦把这部书取名为《吕氏春秋》。

《吕氏春秋》写成之后,吕不韦命人把书稿张贴在咸阳的城门旁,旁边放着一千两黄金,还贴了一张告示,上写:如果有人可以指出书稿中的错误,增加一个字或是删减一个字,赏一千两黄金。

然而,最后也没有人能够得到赏金,一方面是这部书编写得确实周密翔实,另一方面,也是因为吕不韦的权势太大,没有人敢评论删改他主编的书。

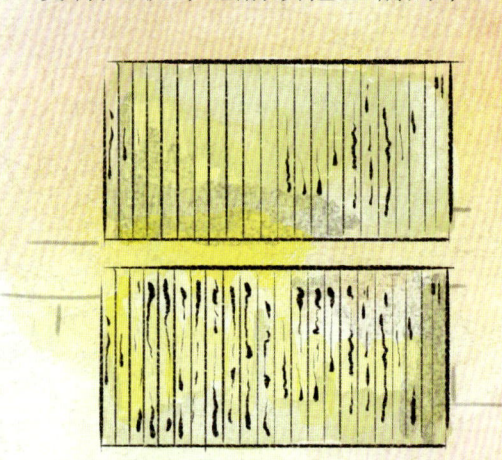

成语个性

故事中提到吕不韦是秦始皇嬴政的仲父。仲父最初的含义是指父亲的大弟弟,也就是叔父。后来帝王把宰相重臣称为仲父,表明他们在帝王心中的地位仅次于生父,以示尊敬。古代用伯、仲、叔、季给兄弟排行,伯为老大,仲是第二,叔是第三,季是最小的。在古代,人名中如果含有这几个字,可以推断出他们在家的排行。比如孔子的字是"仲尼",说明他在家排行第二。

例句

🌰 结屋三间藏万卷,挥毫一字值千金,四海有知音。(宋·戴复古《望江南》)

🌰 这位书法家前几年还寂寂无名,现在却已经是一字千金,一墨难求了。

洛阳纸贵

luò yáng zhǐ guì

唐·房玄龄《晋书·文苑传》:"于是豪贵之家竞相传写,洛阳为之纸贵。"

释 原指洛阳的纸由于抢买的人多,导致断货,所以纸价高涨。用来称誉著作风行一时,流传很广。

近义 有口皆碑

反义 无人问津

左思是西晋时期著名的文学家。小时候的左思长得很难看,说话总是磕磕巴巴。他学过编钟、胡琴,也学过书法,但都没学成,连他的父亲左雍都看不上他。

有一天,左雍和朋友聊天,聊到自己的孩子时,他说:"思儿这个孩子,哎,他现在懂得的道理和学问,还不如我小时候呢。"这句话碰巧被左思听到了,他觉得很惭愧,也很不服气。从此以后,左思就像受了刺激一样,天天埋头苦读。

这一天,他读到了东汉班固写的《两都赋》和张衡写的《二京赋》,写的是东京洛阳和西京长安的气派景象。左思看过之后说:"这两篇写都城的文章,词藻虽然华丽,但都华而不实,缺少城市的基本情况介绍。我要按照我的思路写一篇《三都赋》,

就写三国时期的魏都邺城、蜀都成都和吴都建业。"

为了写好《三都赋》，左思找来大量历史、地理、物产和人文方面的资料，他要求自己写的每一句都要有据可查。写作期间，恰好他的妹妹左棻(fēn)被皇帝看中，纳入后宫，于是左思全家都跟着去了京城。

到了京城之后，左思也不去结交朋友，一直闭门写作，满屋子铺天盖地堆放的都是纸张。左思还在屋里屋外到处都放了纸笔，甚至连厕所里也准备了，方便想到什么就随时记下来。为了使文章达到自己的要求，有时为了一个句子，他都会推敲很久。最终，左思用了十年的时间才完成了《三都赋》。

当时著名的政治家、文学家张华看到《三都赋》后，感慨地说："左思真是了不起的作家，读他的文章让人意犹未尽，看得越久，反而越有新意。"很快，《三都赋》在京都洛阳引起了轰动。那时候没有印书的工厂，如果有喜欢的书，只能自己抄写一份。所以当时，从普通文人学士到豪门贵族，人们纷纷去买纸抄写。买纸的人多了，洛阳的纸张供不应求，价格也就贵了起来。于是有了"洛阳纸贵"这个成语，用来形容诗文精彩，人们争相传抄。

例句

● 即如写字的莫友芝，画画的汤埙伯，非不洛阳纸贵，名震一时，总嫌带着江湖气。（清·曾朴《孽海花》）

● 这位年轻作家的作品一经问世就洛阳纸贵，畅销全国。

成语个性

左思虽然才华横溢，但长相丑陋，与他同时代的潘安却是个出了名的美男子。据说，潘安每次上街，从小姑娘到老太太都会围上来争着看他，并朝他车上扔水果，每上一次街，都能拉回一车水果来，于是有个了成语叫"掷果盈车"，用来形容男子的美貌。左思听说后，也上街去游玩，结果姑娘大妈们都往他车上扔砖头瓦块、烂菜叶子，左思只好垂头丧气地回家了。

老妪能解
lǎo yù néng jiě

宋·曾慥(zào)《类说》引《墨客挥犀》："白乐天每作诗令老妪解之，问曰：'解否？'妪曰'解'则录之，不解又易之。"

释 老妇人都能听懂。形容诗文通俗明了，浅显易懂。

近义 雅俗共赏

反义 佶(jí)屈聱(áo)牙

白居易是唐朝时的著名诗人，他出生在一个小官僚家庭，五六岁就能写诗，远近乡邻都知道他是一个聪颖过人的小孩。但是他并没有因为天分高就放松学习，反而更加刻苦，甚至因为读书太多，口舌都生了疮，拿书简的手和两个手肘上全都磨出了茧子。

白居易的诗大多都通俗易懂，这是他力求达到的效果。他每写完一首诗，都会读给邻居家的老奶奶听。老奶奶没上过学，也不识字，文绉绉的句子一句也听不懂。但凡是老奶奶听不懂的，白居易都会拿回去修改。改好之后，再读给老奶奶听，直到她能听懂为止。正因为白居易的诗句连没上过学的人都能听懂，所以老百姓都很喜欢，也乐于传诵。

白居易十六岁那年，去京城参加科举考试。顾况是京城著名的学者，去他那里求教的人很多。白居易想看看自己的诗能否被欣赏，于是也拿着诗集前去拜访。

顾况见来人年纪轻轻，没把他放在眼里。他接过诗集看了一眼作者的名字，笑着说："居易，京城的生活成本很高，你想要在这里居住恐怕不太容易啊。"

白居易当然知道顾况是在嘲讽自己，却一言不发，默默地等着他看完自己的诗集。

顾况翻开诗集的第一页，看到的就是那首现在很多还没上学的小朋友都会背诵的《赋得古原草送别》：

离离原上草，一岁一枯荣。
野火烧不尽，春风吹又生。

"好诗！"顾况由衷地称赞，想起刚才对白居易的嘲讽，赶紧又说，"能写出这样的诗，不要说京城了，就是整个天下，你想住哪里都容易啊。"

从这之后，白居易的名字就被越来越多的人所熟悉，他的许多诗作都被广为传诵，一直流传至今。

技艺和文采

风格气势·老妪能解

例句

- 智周万道:"语质词俚,却是老妪能解。"(清·李绿园《歧路灯》)
- 这位作家的文章语句通俗,老妪能解,所以很受大众喜爱。

成语个性

这个故事中,顾况初见白居易,拿他的名字调侃一事,后来也产生了一个成语——居大不易,指居住在大城市里,维持生活不容易。

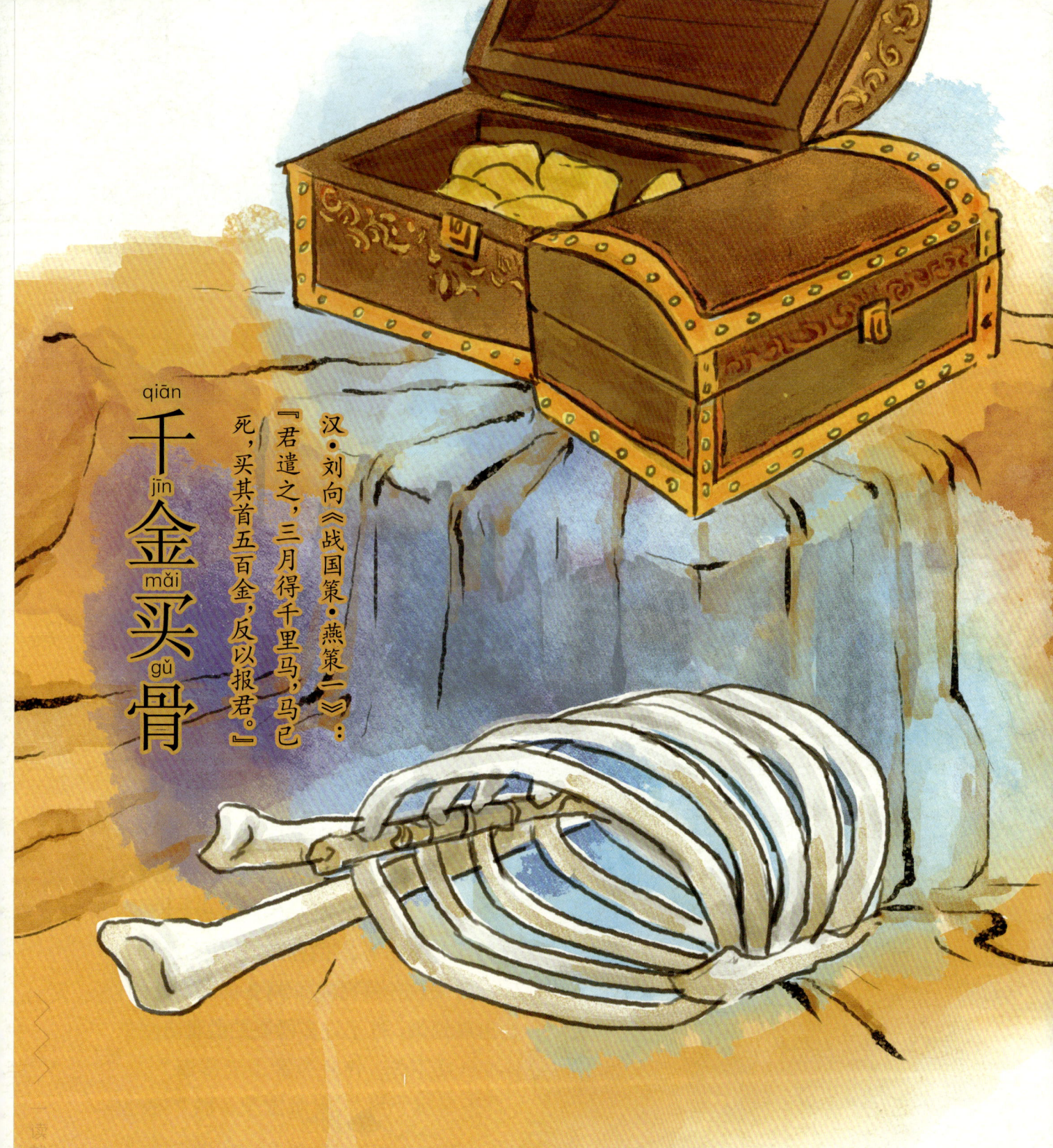

千金买骨 qiān jīn mǎi gǔ

汉·刘向《战国策·燕策一》：" 君遣之，三月得千里马，马已死，买其首五百金，反以报君。"

释 用许多金子去买千里马的骨头。比喻诚心而急切地招揽人才。

近义 求贤若渴　握发吐哺

反义 傲贤慢士　嫉贤妒能

才能和人才 · 用人 · 千金买骨

战国时期,燕昭王发出招揽人才的消息:不管你是什么出身,住在哪里,只要有才能,我就会重用你,一起振兴燕国。可是这个消息却像石头沉入大海一样,过了很长时间都没有人来投奔。燕昭王十分着急,就问大臣郭隗(wěi):"怎样才能吸引有才能的人来燕国呢?"

郭隗没有告诉燕昭王应该怎么做,而是讲了一个故事:

从前,有一个国王喜欢千里马。他派人到处寻找千里马,并且告诉找马的人,如果找到千里马,不管花多少金子都要买回来。可是,整整三年过去了,他们连一匹千里马都没找到。

这时,有一个人对国王说:"大王,让我去为您寻找千里马吧!我一定不会让您失望。"

国王非常高兴,就让他带着许多金子出发了。那个人四处打听,用了三个月的时间,终于打听到了千里马的消息。他兴冲冲地来到养马的那户人家,却发现千里马已经死了,只剩下一堆白花花的骨头。他想:"如果我空着手回去,没办法向国王交代,不如把这些骨头买下来,也算没白来一趟。"于是,他用五百金买下了千里马的骨头。

国王看着那些骨头,气得跺着脚喊道:"我让你买千里马,你却买了一堆没用的骨头回来,还花去了五百金,你以为我的金子是大风刮来的吗?让你这样糟蹋!"

在场的大臣们都吓坏了,但那个人一点儿也不害怕。他对国王说:"大王,我这样做全都是为您好啊!如果人们听说您肯花五百金买千里马的骨头,就会知道您是真的喜欢千里马,舍得为千里马花钱。那么,他们就会心甘情愿地把千里马送到您手上。"结果真像他预料的那样,在接下来的日子里,不断有人牵着千里马要卖给国王。国王高兴得合不拢嘴。

"我明白了。"燕昭王听完故事,激动地说,"你是让我效仿故事里的国王,重用身边的人才,让有才能的人知道我是真的爱惜人才,他们才会来投奔我。"

郭隗微笑着点点头。燕昭王立刻拜郭隗为师,还为他修筑了一座"黄金台"。

这件事很快传遍大街小巷,一些有才能的人听了,纷纷来投奔燕昭王。有了他们的辅佐,燕国一天比一天强大起来。

例句

🍄 千金买骨事已非,羞道骐麟(qí lín)落人后。(明·陈子龙、李雯《陈李倡和集》)

🍄 只要我们拿出千金买骨的诚意,一定会找到合适的人才。

成语个性

也写作"千金市骨"。

握发吐哺
wò fà tǔ bǔ

汉·韩婴《韩诗外传》:"然一沐三握发,一饭三吐哺,犹恐失天下之士。"

释 哺:口里含着的食物。比喻礼贤下士,殷切求才。

近义 爱才如命 求贤若渴

反义 傲贤慢士 嫉贤妒能

06 才能和人才 · 用人 · 握发吐哺

西周初年的姬（jī）旦是周文王的儿子，周武王的弟弟，人们都叫他周公。他尽心尽力地辅佐周武王，成了周武王最得力的助手。

周武王去世后，他的儿子周成王继位。当时，周成王还是个不懂事的孩子，不知道怎样治理国家，周公就主动挑起重担，帮助周成王处理国家大事。周公的几个兄弟因此散布谣言说，周公想要取代成王，自己当天子。这样一来，周朝上下人心惶惶，那些刚刚归顺周朝的商朝贵族们抓住机会，和周公的兄弟勾结起来，发动叛乱。

那个时候的周朝就像树上的鸟窝一样，在风雨中摇摇欲坠，十分不稳定。周公更加觉得自己责任重大，便顶住各方面的压力，两次东征平定叛乱，终于使周朝的局势慢慢稳定下来。

周公意识到，人才对于一个国家的繁荣昌盛起着非常重要的作用。所以，他十分爱惜人才。如果有才能的人前来拜访，无论他在干什么，都会放下手头的事，热情接待他们。

传说有一次，周公正在洗头时，一位有才干的人来拜访他，他便用手握着湿漉漉的头发出来迎接，并和他谈论起了国家大事。那个人走后，周公回去接着洗头，刚洗到一半，又有人来了，他就再次握着头发，和人家攀谈起来。

还有一次，他正在吃饭，听到有人求见，便赶紧放下筷子，把嘴里没来得及嚼碎咽下的食物吐出来，恭恭敬敬地出门迎接。这样反复几次，饭菜都凉了，他也没能安安生生地吃上几口。

就这样，周公呕心沥血地辅佐了周成王七年，为周王朝八百年的统治奠定了坚实的基础。周成王长大后，周公把大权交还给他，自己对王位没有半点儿非分之想。人们都被他这种无私无畏的精神深深打动，提起周公的时候，都会不由自主地竖起大拇指。

例句

🍪 乃是陛下握发吐哺之日，宵衣旰（gàn）食之辰，士无贤愚，咸宜录用。（唐·陆贽（zhì）《兴元论解姜公辅状》）

🍪 李校长求贤若渴，握发吐哺，为学校招揽了很多优秀的教师。

成语个性

吐，不要读成 tù。这个成语是从"一沐三握发，一饭三吐哺"简化而来，比喻为了招揽人才而操心忙碌。

伯乐相马
bó lè xiàng mǎ

汉·刘向《战国策·楚策四》:"夫骥之齿至矣,服盐车而上太行……伯乐遭之,下车攀而哭之,解纻(zhù)衣以幂之。骥于是俯而喷,仰而鸣,声达于天,若出金石声者,何也?彼见伯乐之知己也。"

释 伯乐观察、品评马的优劣。比喻有眼力者鉴别并举荐人才。

近义 知人善任 慧眼识珠

春秋时期有一个叫孙阳的人,他有一双火眼金睛,只要看一眼,就能分辨一匹马是不是千里马,是适合拉车,还是适合打仗。因此,人们都非常敬重他,传说天上管理马匹的神仙叫伯乐,于是人们便称孙阳为伯乐。

有一次,楚王让伯乐去为他找一匹千里马。

伯乐说:"大王,世上的马虽然多,能日行千里的马却非常稀少,找起来没有那么容易。运气好的话,会花上十天半月;运气不好,可能得等上三年五载。"

"没关系,"楚王说,"不管你用多长时间,只要能找到千里马,我就重重地奖赏你。"

伯乐找遍了整个楚国,又跑了周边几个国家,都没有找到一匹千里马,心灰意冷的他准备空着手回去向楚王请罪。

这天在路上,伯乐忽然听见有人大声呵斥:"快点儿走啊,你这匹没用的马!"他抬起头,见一匹骨瘦如柴的马正拉着盐车上一道陡坡。只见这马伸着蹄

06 才能和人才·伯乐相马

子，弯着膝盖，垂着尾巴，拉着车拼命往坡上爬，流出的汗把浑身的毛都浸湿了，爬到半坡，马儿怎么也爬不上去了，累得嘴里直吐白沫。

"这么小的坡都爬不上去，要你有什么用？"车夫说着举起鞭子，要抽打那匹马。伯乐赶紧下了车，跑过去拦住车夫。他摸着马背，心疼得大哭起来。那马似乎也通人性，知道遇上了知己，它低头喷着响鼻，又抬头发出嘶鸣，洪亮的声音响彻云天。

伯乐对车夫说："这可是一匹千里马呀！你怎么能让它拉这么重的盐车呢？"

车夫说："你在开玩笑吗？如果它是千里马，怎么会连这么小的坡都爬不上去？"

"那是因为千里马擅长奔跑，不擅长拉车。"伯乐从口袋里掏出几块金子说，"我想买下这匹马，你愿意吗？"

车夫赶紧接过金子，高兴地说："愿意愿意！"

伯乐牵着马来见楚王，楚王皱着眉说："这马又瘦又小，怎么会是千里马呢？你会不会搞错了？"

伯乐说："请您相信我，只要精心喂养一段时间，它一定会给您带来惊喜。"

于是楚王派人精心喂养，不到半年，这匹马就变得精神抖擞，一身棕红色的毛在阳光下闪闪发光。楚王骑上马，一声令下，马飞奔起来，就像风一样快。楚王高兴地说："果然是一匹千里马啊！"

例句

- 与其等老师伯乐相马，还不如你毛遂自荐。
- 王老师伯乐相马，一眼就看出他的才华，所以才把这么重要的工作交给他。

成语 个性

从这个故事还演化出另外一个成语：骥(jì)伏盐车。比喻才华遭到抑制，处境困厄。

毛遂自荐
máo suì zì jiàn

汉·司马迁《史记·平原君列传》："门下有毛遂者，前，自赞于平原君曰：'……今少一人，愿君即以遂备员而行矣。'"

释 比喻自告奋勇，自己推荐自己去做某事。

近义 自告奋勇　　**反义** 临阵脱逃

毛遂是战国时期赵国公子平原君门下的一名门客，他跟随平原君三年，一直没有得到重用。

有一年，秦国派兵攻打赵国，赵王派平原君去楚国搬救兵。平原君想带二十个有才干的门客一同前往，选出了十九个人，就差最后一个了，他却发起愁来：剩下的这些门客，本领都差不多，应该选谁呢？

就在平原君左右为难的时候，毛遂从人群中站出来说："让我陪您一起去吧！"

平原君打量着他，问道："你跟随我几年了？"

毛遂回答："三年。"

平原君摇摇头，轻蔑地说："如果把一个锥子放进袋子里，三年的时间，锥子尖早已经穿透袋子，露出头了。你在我身边待了整整三年，却一点儿作为也没有，可见你并没有什么过人的本领。这次我们去楚国责任重大，关系到赵国的生死存亡。你就不要去了，把机会留给更有才能的人吧！"

听了平原君的话，毛遂一点儿也不生气，反而非常自信地说："不是我没有才能，而是您从来没有把我装进袋子里，我根本没机会展示自己的本领啊！如果您能给我这次机会，别说露个锥子头了，整个锥子都会显露出来。"平原君被毛遂的话打动了，于是带着他和其他门客去了楚国。

到了楚国，平原君想说服楚王出兵，可是从早上一直谈到中午，楚王还是不肯答应。门客们在外面急得心里直冒火，谁也不知道屋子里面是什么情况，也不敢贸然闯进去，只能眼巴巴地等着。

毛遂等不及了，提着剑冲进屋子，大声质问楚王："您一直拿不定主意，是因为害怕秦国吗？论国力兵力，楚国一点儿也不比秦国差，却因为您的懦弱胆小，一次次被秦国欺负，这是您的耻辱，更是楚国的耻辱。"

楚王惊讶地问："你是什么人？"

"我是平原君的门客毛遂。"毛遂用手按着剑柄说，"和赵国联合起来，一起攻打秦国，是报仇的最好机会。错过这次，就再也没有这么好的机会了，您赶快拿主意吧！"

接下来，毛遂详细地分析了出兵的好处。楚王听了，觉得他的话很有道理，于是答应出兵，解救赵国。

回到赵国，平原君高兴地对赵王说："这次多亏了毛遂，他的三寸之舌，比百万雄兵还厉害呢！"

例句

- 我作毛遂自荐，居然被校长核准了。（邹韬奋《经历·深挚的友谊》）
- 在选拔班干部的时候，他毛遂自荐，当上了班长。

成语个性

遂，不要读成 suí。本故事出了好几个成语，除了"毛遂自荐"，还有"锥处囊中""脱颖而出""三寸之舌""因人成事"。

明珠暗投
míng zhū àn tóu

汉·司马迁《史记·鲁仲连邹阳列传》："臣闻明月之珠，夜光之璧，以暗投人于道路，人无不按剑相眄（miǎn）者，何则？无因而至前也。"

释 比喻有才能的人得不到重用或是误入歧途。也泛指珍贵的东西没有被珍爱。

近义 怀才不遇

反义 弃暗投明

西汉时期，有一个叫邹阳的人。他原本是吴王刘濞（bì）的门客，后来刘濞想要造反，他再三劝说，但刘濞就是不肯听，于是邹阳离开刘濞，投奔了梁孝王。

梁孝王身边有两个谋士，一个叫羊胜，一个叫公孙诡，他们脑瓜灵活，鬼点子多，经常给梁孝王出主意，是梁孝王的左膀右臂。他们早就听说过邹阳的大名，知道他非常有才华，担心梁孝王重用他而冷落自己。于是，他们私底下商量，要找机会除掉邹阳。

不久后，机会来了。这一年，汉景帝受太后逼迫，要立弟弟梁孝王为储君，继承皇位，但被大臣袁盎（àng）劝止。梁孝王没有当上储君，非常记恨袁盎，就和羊胜、公孙诡密谋要杀死袁盎。邹阳苦口婆心地劝梁孝王不要做这样的事。羊胜和公孙诡抓住这个机会，对梁孝王说："邹阳为袁盎求情，说明他们是一伙的。这个邹阳也不是什么好人，他来到您身边，肯定是别有目的，您一定要当心啊！"梁孝王正在气头上，想也没想就把邹阳关进了监狱。

邹阳在监狱中给梁孝王写了一封信，信中说："能在黑暗中发出光亮的珍珠和玉璧，如果有人趁着天黑把它们扔到路边，不管谁看到了，都会警惕地按着剑柄，斜着眼睛看着，却不会去拾起来，这是为什么呢？因为这么珍贵的宝贝无缘无故地出现在眼前，人们都不会相信。盘根错节的老树根，却能成为君王赏玩的珍品，这又是为什么呢？是因为君王身边的人把它雕饰美化了一番。所以说，无缘无故出现在眼前的东西，即使是价值连城的夜明珠、夜光璧，也只会招来怨恨而不是珍爱。而如果有人事先赞美、推荐，枯木朽株也能发挥自己的功用。如今，我就和这珍珠、玉璧一样，空有一身才能，却没有办法被人赏识。哎，真让人伤心啊！"

这封信写得情真意切，梁孝王被深深打动了。他赶紧把邹阳从监狱中放出来，和他敞开心扉交谈起来。从邹阳的话语中，梁孝王发现他是一个难得的人才，十分高兴，从这之后把他尊为上宾，对他恭恭敬敬。

例句

- 你赵司令如果归顺他们，岂不是明珠暗投？（峻青《海啸》）
- 爸爸很有才干，但工作多年一直没受到领导赏识，可真是明珠暗投。

成语个性

邹阳在狱中写给梁孝王的信，称为《狱中上梁王书》，成语"枯木朽株"也出自这里，用来比喻衰朽的力量或衰老无能的人。

初出茅庐
chū chū máo lú

明·罗贯中《三国演义》："博望相持用火攻，指挥如意笑谈中。直须惊破曹公胆，初出茅庐第一功。"

释 茅庐：指用茅草盖的屋子。比喻刚进入社会或刚到工作岗位上来。

近义 初露锋芒　羽毛未丰　不经世故

反义 老成持重　老马识途　身经百战

刘备三顾茅庐，终于请来了诸葛亮。虽然诸葛亮刚来军营，还没有立过大功，但刘备对他十分敬重，不管大事小事，都要征求他的意见。这让关羽和张飞非常不满。

当时刘备的部队只有几千人马，驻扎在河南新野。刘备的老对手曹操已经攻下河北，接着便派大将夏侯惇（dūn）率领十万大军南下，直奔新野，情况十分危急。

刘备问诸葛亮："先生有什么好办法打赢这场仗吗？"

"用火攻。"诸葛亮镇定地说，"办法我已经想好了。"

刘备高兴地说："那你就下令吧！"

诸葛亮转身对关羽和张飞说："两位将军，你们愿意听从我的命令吗？"

关羽和张飞本来就憋着一肚子气，歪着脑袋假装听不见，不理会诸葛亮。诸葛亮对刘备说："我刚刚来到军营，说话没有分量，大家不会听从我的命令。所以

请把您的宝剑借给我，我要用它发号施令。"

刘备把随身佩戴的宝剑交给诸葛亮。诸葛亮举起宝剑说："我奉主公的命令在这里发布军令，如果有人胆敢不听从，立刻斩首示众。"

将士们看见刘备的剑，都不敢违抗命令。关羽和张飞虽然不情不愿，但也只能乖乖地服从。

诸葛亮对大将赵云说："你去和夏侯惇正面交战，但是只许败不许胜。"

"这是什么道理？打仗不就是要尽力取胜吗？"赵云纳闷地说。

诸葛亮说："夏侯惇这个人容易轻敌，看见你们逃跑，他一定会带兵追过来，这样才能进入我们设下的包围圈啊！"赵云点点头，对诸葛亮刮目相看。

接着，诸葛亮让两名将领带上五百人，在博望坡附近等候，等夏侯惇带着大军追过来，就开始放火。关羽和张飞则带领其他人埋伏在山谷边，一看见火光，就立刻出击。

大家按照诸葛亮的安排，凭借火攻，几千人马就把曹操十万大军打得落花流水、落荒而逃。战事结束后，关羽和张飞对诸葛亮佩服得五体投地，诸葛亮也奠定了在军中的威望。在后来的征战中，他出谋划策，打了许多大胜仗。

06 才能和人才·施展才能·初出茅庐

🌰 例句

🍂 当年他是一个文坛巨子，而我呢，却是初出茅庐的一个小兵呢。（臧克家《老舍永在》）

🍂 谁也没想到，这个初出茅庐的小娃娃，竟然在国际围棋大赛中战胜了经验丰富的常胜将军。

成 语 个 性

在这个故事中，"初出茅庐"的本义是指刚一出来做事，就显露出不凡的身手。在后来的使用中，成语意义发生了变化，多指刚工作不久，缺乏经验。

65

后起之秀
hòu qǐ zhī xiù

南朝宋·刘义庆《世说新语·赏誉》："范豫章谓王荆州：'卿风流俊望，真后来之秀。'"

释 后来出现的或新成长起来的优秀人物。

近义 后来居上 青出于蓝　　**反义** 三朝元老 开山祖师

06 才能和人才 — 施展才能·后起之秀

东晋时期，有一个叫王忱的人。他从小就喜欢读书，又能说会道，说出来的话常常让人惊叹不已，小小年纪就已经成了当地的"大明星"。

王忱的舅舅范宁知识渊博，在当地很有名气，一些有学问的人经常来家里拜访他。范宁非常喜欢聪明伶俐的王忱，所以每当有人来拜访，都会把王忱介绍给他们。

一天，有个叫张玄的人来拜访范宁。范宁把王忱叫到身边说："这位张玄先生非常有学问，你和他聊聊天，一定会学到不少东西。"

王忱嘴上答应着，心里却没当回事，慢吞吞地走到张玄面前。张玄见"大明星"来了，心里非常激动。但他的年龄比王忱大，按辈分来说是王忱的长辈，于是就把衣服整理一下，端端正正地坐下，等着王忱先和自己打招呼。可王忱心里想的却是：我比他的学问大，凭什么要先跟他打招呼？应该他先向我问好才对。于是，他一屁股坐在张玄对面，面无表情地看着他，一句话也不说。

两个人就这样大眼瞪小眼地看着对方，场面十分尴尬。张玄憋了个大红脸，心里非常不舒服，闷闷不乐地走了。

范宁责备王忱说："张玄好不容易才来一回，你为什么不好好向他学习，让这么好的机会白白溜走呢！"

王忱不以为然地说："如果他想和我认识，可以主动找我谈啊！"

虽然这话说得很傲慢，范宁听了却称赞他说："你这样风流俊逸，确实是后辈当中的优秀人才。"

王忱扮着鬼脸说："有这么优秀的舅舅，才会有这么优秀的外甥啊！"

范宁听了心花怒放，便派人把王忱的话告诉张玄。没想到，张玄一点儿也不生气，反而觉得王忱非常有趣，真的带着礼物亲自去拜访他了。

王忱长大后果然很优秀，把他管辖的地方治理得很好。只是，他傲慢的性格一直没有变。

例句

- 及浪游南北，与乡里阔疏，后起之秀，不乏其人。（清·盛大士《溪山卧游录》）
- 我国体育事业迅速发展，涌现出了大量后起之秀。

成语个性

也写作"后来之秀"。

人中骐骥

唐·李延寿《南史·徐勉传》:"此所谓人中之骐骥,必能致千里。"

释 骐骥:骏马。比喻才能出众的人。　**近义** 人中麟凤　**反义** 酒囊饭袋

南北朝时期,南朝有一个叫徐勉的人。他刚出生不久,父亲就去世了,他和母亲相依为命,过着贫苦的生活。艰难的生活没有打败徐勉,反而激发出他的斗志,他一头扎进书的海洋里,没日没夜地刻苦攻读。

徐勉六岁那年,家乡遭遇了一场罕见的大雨。倾盆大雨接连下了几天几夜,也没有停下来的意思。河水涨满了,地里的庄稼被淹了,雨水漫过街道,涌进了屋子里。人们担心再这样下去会引发大的洪涝灾害,就聚在一起商量着举办一个仪式,请求老天爷别再下雨了。有个人说:"为了表示诚意,我们应该写一篇祷文,祈求大雨尽快停下。"可是,谁有这么好的文采呢?大家你看我,我看你,最后把目光齐刷刷地聚在徐勉身上。

"徐勉,这项重要的任务就交给你吧!"

"没问题,包在我身上。"徐勉打包票说。

徐勉拿来纸笔,在大家的注视下,很快就写好了这篇祷文。有识字的人把文章读给大家听,大家都惊叹不已。一个族人说:"徐勉小小年纪就有这样的文采,这就是人们所说的人中的良马,能日行千里。这孩子长大后,肯定会干出一番大事。"

果然不出所料,徐勉长大后得到皇帝的重用,做官一直做到了宰相。他为官清廉,工作兢兢业业,公务繁忙时,经常几十天才回一次家。每次回家,连家里养的一群狗都不认识他了,总会对着他一阵狂吠。

徐勉当了一辈子官,却一直过着十分清贫的生活。有人劝他说:"你自己过苦日子也就罢了,得为孩子们想想啊!趁你现在正受皇帝器重,赶紧置办点儿产业,好为孩子们留下一笔财产啊!"

"我已经为孩子们留下财产了。"徐勉说,"但不是金钱,而是一身清白。"

06 才能和人才 / 人才·人中骐骥

那人听了这番话，顿时觉得无地自容，再也不在徐勉面前说这样的话了。

例句

- 天上石麟，夸小儿之迈众；人中骐骥，比君子之超凡。（明·程登吉《幼学琼林》）
- 要想成为人中骐骥，必须付出艰辛的努力。

成语个性

马在古代人的生产生活中起着非常重要的作用，打仗、骑乘、运输货物都离不开马，所以那时候的人们都喜欢马，对马的分类也非常细致，比如："骥"指好马，"驽（nú）"指跑不快的马；"骐"指有青黑色纹理的马，"骊（lí）"指纯黑色的马，"骝（liú）"指黑鬃毛黑尾巴的红马，"骃（yīn）"指浅黑带白色的杂毛马；"騑（fēi）"指驾在辕马两旁的马，"驷（sì）"指同拉一辆车的四匹马，等等。

凤毛麟角
fèng máo lín jiǎo

唐·李延寿《南史·谢超宗传》:"超宗殊有凤毛,灵运复出。"唐·李延寿《北史·文苑传》:"学者如牛毛,成者如麟角。"

释 凤毛:凤凰的羽毛。麟角:麒麟的角。比喻珍贵而稀少的人或事物。

近义 吉光片羽 百里挑一 屈指可数　　**反义** 多如牛毛 恒河沙数 不计其数

南北朝时,南朝宋有个叫谢超宗的文人,写得一手好文章。孝武帝非常欣赏他的才华,把他留在自己的儿子新安王身边,帮忙写写文告、公函、信件等。

有一年,孝武帝的妃子殷淑仪去世了,孝武帝伤痛欲绝。殷淑仪是新安王的生母,于是谢超宗写了一篇悼念她的文章,呈给了孝武帝。孝武帝看过之后对谢超宗大加赞赏,说:"人们都说谢超宗有凤毛,今天一看,果然名不虚传,简直就是谢灵运再世啊!"

谢灵运是谢超宗的爷爷,是个大名鼎鼎的诗人、文学家,全天下没有人不知道他的。现在,孝武帝竟然拿自己和爷爷相提并论,谢超宗的心里乐开了花。

下朝后,谢超宗刚刚走出大殿,大将军刘道隆拦住他,嬉皮笑脸地说:"好兄弟,把你收藏的凤凰毛拿出来,让我长长见识吧!我还从来没见过这么稀罕的东西呢!"

谢超宗惊讶地说:"我哪里有凤凰毛?"

"你就别瞒着了,"刘道隆说,"刚才皇上说过,谢超宗有凤毛。"

谢超宗笑了笑,没理他,直接回家了。刘道隆还是不死心,也跟了过来。到了家,谢超宗脱下鞋子向里屋走去,刘道隆以为他去取凤凰毛了,可是左等右等,天都黑了,还不见谢超宗出来。进去一看,谢超宗正躺在床上呼呼大睡呢!

"哼!有凤凰毛就了不起啊!我还不稀罕呢!"刘道隆甩甩袖子,气呼呼地回家了。

他哪里知道,孝武帝是在用"凤毛"夸赞谢超宗的文采好,是人间少有的奇才,根本不是说他藏有凤凰毛。刘道隆就这样成了人们口中的笑话,自己还浑然不知。

06 才能和人才 / 人才稀少·凤毛麟角

成语个性

凤凰和麒麟都是中国古代传说中的神兽。凤凰是百鸟之王，雄性的为凤，雌性的为凰，用来象征祥瑞。麒麟是一种代表吉祥的神兽，传说它长着狮子的头，麋（mí）鹿的身子，鹿的角，虎的眼睛，龙的鳞片和尾巴。凤凰的毛和麒麟的角，都是传说中珍贵罕见的东西，所以人们使用"凤毛麟角"来指代出类拔萃的人才。

例句

- 有学问知识的人比较容易找，而有人格修养的人实在是如凤毛麟角。（郭沫若《痛失人师》）
- 在这个贫穷的小村子里，能够顺利读完高中的人已经是凤毛麟角，更别提上大学了。

过目成诵

guò mù chéng sòng

元·脱脱《宋史·刘恕传》:"恕少颖悟,书过目即成诵。"

释 诵:背。看过一遍就能背下来。形容人记忆力极强。

近义 过目不忘 耳闻则诵

刘恕(shù)是北宋时期的史学家,曾经和司马光一起编著《资治通鉴》。他从小就有一项过人的本领:不管什么样的书,只要看过一遍就能流利地背下来。

刘恕八岁那年,有一天,家里来了一位客人。父亲拿出好酒好菜,两个人一边喝酒,一边聊天,那人说了一句:"大圣人孔子没有兄弟,是家里的独苗。"听到这句话,刘恕立即跑过来说:"叔叔,您说得不对,孔子有兄弟。"

父亲责怪刘恕:"大人说话,小孩不要随便插嘴。"

刘恕却倔强地说:"这位叔叔说错了,我在纠正他。"

那位客人倒不生气，兴致勃勃地问刘恕："那你说说看，孔子的兄弟是谁呀？"

"我也不知道他的兄弟叫什么，"刘恕瞪着圆溜溜的大眼睛说，"但《论语》里有一句，'以其兄之子妻之'，意思是孔子'把哥哥的女儿嫁给了他'。这就说明孔子有兄弟。"

"啊！没错！《论语》里是有这么一句，是说孔子把侄女嫁给了南容。"那人抱起刘恕，赞叹道，"你小小年纪，竟然能把书上的内容记得这么清楚，真了不起。"

刘恕得意地说："这算什么？只要是读过的书，我都能倒背如流。"

客人不相信，就当场从书架上拿出一本书，随便翻开一页让刘恕读。刘恕看了一会儿，便把书合上，大声背诵起来。他背得非常流利，一个字也不差。客人惊讶地看着刘恕，打心眼儿里喜欢上了这个小男孩。

刘恕特别爱读书。他听说亳（bó）州太守家里有很多藏书，就跑了很远的路，到太守家里借书读。太守家的书太多了，一时半会儿读不完，刘恕就干脆住在太守家。太守把刘恕奉为贵宾，每天都为他准备丰盛的饭菜，陪他一起吃饭。可是这样一来，刘恕不高兴了，他说："我来你家是读书的，不是来做客的。你就让我把所有的时间都节省下来，专心读书吧！至于饭菜，我随便吃点儿就行。"

太守知道刘恕的脾气，便答应了他。刘恕把太守家的书房当成了图书馆，在里面一住就是十几天，白天黑夜地口诵手抄，直到把他家所有的藏书全都看完了才离开。可见，他是真的爱书如命啊！

成语个性

"过目不忘"和"过目成诵"都用来形容一个人的记忆力特别强。但"过目成诵"仅限于阅读书籍或文字时，看一遍就能背下来。而"过目不忘"所指的范围更广，不管是人或物，看过之后都会记住。例如：这个孩子有一双会说话的大眼睛，让人过目不忘。

🌰 例句

🥮 黛玉笑道："你说你会'过目成诵'，难道我就不能'一目十行'了！"（清·曹雪芹《红楼梦》）

🥮 她能把书上的内容一字不落地背下来，靠的不是过目成诵的本领，而是不间断的努力。

发(fā)踪(zōng)指(zhǐ)示(shì)

汉·司马迁《史记·萧相国世家》：「夫猎，追杀兽兔者，狗也，而发踪指示兽处者，人也。」

释 踪：踪迹。发现野兽的踪迹，指示所在方向，让猎狗去追捕。泛指指挥调度。

近义 运筹帷幄（wéi wò）　　**反义** 冲锋陷阵

秦朝末年，刘邦率兵起义，推翻了秦朝的统治，建立了汉王朝。他自己则成了汉朝的开国皇帝，即汉高祖。

几年后，刘邦的江山坐稳了，天下也太平了，人们又过上了安稳的日子。刘邦打算对跟随他一起打下江山的大臣们论功行赏，谁的功劳最大，谁得到的奖赏就最多。可是这些人里面，谁的功劳最大呢？刘邦思来想去，觉得功劳最大的要数谋臣萧何。

于是，他把大臣们召集到一起说："你们忠心耿耿地追随我，和我一起出生入死，为大汉立下了汗马功劳，你们都是大汉的功臣。但我认为在所有人当中，萧何的功劳最大，所以我要把最丰厚的奖赏赐给他。"

"凭什么？"

"陛下太偏心了。"

"这样做对我们不公平！"

"我们在战场上出生入死，伤痕累累。萧何只是一个连刀剑都拿不起来的文人，他有什么功劳？"

身为武将的大臣们议论纷纷，十分不满。

刘邦问大家:"你们打过猎吗?"

"那还用说!"大臣们自豪地说,"我们久经沙场,打猎当然不在话下。"

刘邦接着说:"打猎的时候,在前面负责追咬猎物的虽然是猎狗,但发现猎物踪迹的却是猎人啊,是他给猎狗指明方向和目标,猎狗才开始行动的。如果没有猎人在后面指挥,猎狗怎么会那么容易找到猎物呢?"

大臣们点点头,都不说话了。

"萧何虽然没有上过战场,但每次战役,都是他在背后想出一条条妙计,才让你们打了胜仗。萧何就像猎人一样,在幕后为你们指明方向。"刘邦说,

"还有,你们都是一个人投靠我,而萧何却带领全家族几十人都跟随着我,难道他的功劳不是最大的吗?"

听完这番话,大臣们虽然心里不服气,但嘴上也不好再说什么了。

于是,刘邦把最高的封赏给了萧何。刘邦死后,萧何又辅佐继位的汉惠帝,为汉王朝付出了一生的心血。

🍂 例句

🍂 不过是要小翁发踪指示,我们自然协力同心。(张鸿《续孽(niè)海花》)

🍂 我们能取得这次比赛的胜利,多亏了教练发踪指示,为我们制订了详尽的作战计划。

回天之力
huí tiān zhī lì

唐·刘肃《大唐新语·极谏》："张公论事，遂有回天之力。"

释 回天：比喻挽回难以挽回的局势。指有解决重大问题、挽回局势的巨大力量。

近义 回天转日 旋转乾坤　　**反义** 回天无力 回天乏术

在古代，皇帝是一国之君，没有人敢不听他的话。就算他说错了、做错了，也很少有人敢直接说出来。但唐太宗时有一位大臣，名叫张玄素，他为人耿直，心里是怎么想的，就会毫不顾忌地说出来。

有一年，唐太宗对大臣们说："洛阳宫有些破旧，我想派人重新修整一下。你们有什么意见吗？"大臣们心想：洛阳宫看上去还不算太破，重新修整劳民伤财。可是他们谁也不敢惹皇上生气，就像应声虫似的点点头说："是该修整修整了。"

张玄素站在人群之中，冷笑一声，大声说："皇上，您不能这么做！"

"张玄素！"唐太宗不高兴了，"说说你的理由。"

张玄素站出来说："隋朝为了修建宫殿，不顾百姓死活，砍伐了数不清的树木，耗费了成千上万的人力和金银。宫殿虽然修好了，却失掉了人心，结果很快就灭亡了。"

唐太宗不满地说："这件事我当然知道，但这只是个例外。"

张玄素反驳道："那我们就说说其他例子吧！修了阿房宫，秦朝灭亡了；修了章华宫，楚国灭亡了。这样的例子多得数不清，难道还不能让您打消这个念头吗？我们国家刚刚经历了战争，百姓还没有从战争的伤害中恢复过来，国力财力也没有强大起来，您这个时候要修宫殿，就是在效仿之前的隋炀帝，干劳民伤财的事啊！"

唐太宗勃然大怒，噌的一下从椅子上跳起来说："你竟然说我是和隋炀帝一样的暴君，你的脑袋不想要了吗？"

张玄素正义凛然地说："您要是坚持修宫殿，就是一个暴君。"

唐太宗铁青着脸，气得呼呼直喘粗气。大臣们吓得脸色苍白，一句话也不敢说。

过了一会儿，唐太宗抬起头，长长地呼出一口气，重新坐回椅子上。他调整了一下情绪，说："这件事是我考虑得不周到，太草率了！张玄素，你冒着杀头的危险提醒我，我要好好地奖励你！"说完，唐太宗离开了大殿。

"啊，这是什么情况？皇上没有责怪张玄素，还要给他赏赐！"大臣们惊掉了下巴。宰相魏征却说："张玄素的话有回天之力，的确应该奖励。"

成语个性

在这个故事中，魏征所说的"回天之力"一语双关，"天"既指上天，也指天子唐太宗，"回天之力"也就是改变天子主意的力量。

例句

🌰 回天之力，全寄托在这个奏折上，所以曹毓（yù）英笔下虽快，却是握管踌躇。（高阳《玉座珠帘》）

🌰 事情发展到现在这个地步，换了谁都难有回天之力了。

才能和人才／才能出众·回天之力

天下无双

tiān xià wú shuāng

汉·司马迁《史记·魏公子列传》:"始吾闻夫人弟公子天下无双。"

释 天下找不出第二个。形容出类拔萃,独一无二。

近义 盖世无双 出类拔萃 超群绝伦

反义 无独有偶 多如牛毛 俯拾即是

战国时期,秦王派兵包围了赵国的都城邯郸。赵国向魏国请求帮助,魏王答应了,但又害怕引火上身,于是派大将晋鄙带领军队驻扎在半路,准备看看情况再做打算。

魏王有一个弟弟是"战国四公子"之一信陵君,他的姐夫是赵国的丞相平原君。他担心姐姐、姐夫的安危,多次催促魏王赶紧发兵,但魏王就是不答应。

信陵君实在想不出别的办法,决定自己带兵去救赵国。可是,他手上没有能够调兵遣将的兵符,士兵们都不听他的。于是他听从门客的建议,偷出了魏王的兵符。

信陵君拿着兵符，率领魏国大军抗击秦军，秦军吃了败仗，灰溜溜地逃走了。邯郸保住了，赵国的危机解除了，信陵君也成了赵国的大功臣。

信陵君害怕被魏王惩罚，不敢回魏国，就在赵国住了下来。在赵国，他很快就结交了许多朋友。当地有两位隐士，一个叫毛公，平时经常和赌徒混在一起；另一个叫薛公，是个卖酒的。信陵君打听到他们的住处，亲自上门求见，相谈之下，一见如故。

他的姐夫平原君听说后，就对妻子说："当初我听说你弟弟出类拔萃、天下无双，现在却整天和一些赌徒、卖酒的在一块儿玩，也真是太荒唐了！"

这些话很快传扬了出去，但人们一点儿也不在乎，还是愿意和信陵君交朋友，就连平原君身边的人，也有很多纷纷去投靠信陵君了。

平原君这才羞愧地说："信陵君礼贤下士，善于根据人的品德才能合理地使用人才。我确实比不上他呀！"

十年后，秦国攻打魏国，魏王派使者来请信陵君回去，可信陵君还是不敢回去。他手下那些人也没有劝他回去的，只有毛公和薛公对他说："你之所以能被赵国重视，是因为你背后有魏国。如今秦军进攻魏国，你却无动于衷。如果魏国都城被攻破，祖先的宗庙被铲平，你还有什么脸面活在世上呢？"

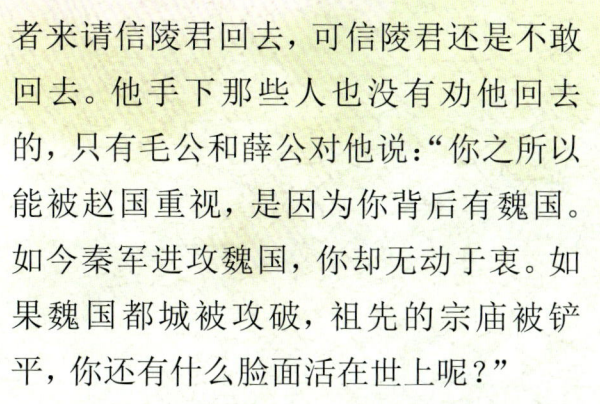

信陵君听了这话，立刻让人套车返回魏国，和哥哥并肩作战，把秦国军队赶出了魏国。

🍂 例句

🌑 夜半，有女子可年十五六，姿颜服饰，天下无双。（鲁迅《古小说钩沉·列异传》）

🌑 这位非物质文化遗产传承人制作弓箭的手艺称得上天下无双。

成语个性

故事中的信陵君名叫魏无忌，他的封地在信陵，所以人们称他为"信陵君"。他和楚国的春申君黄歇、齐国的孟尝君田文、赵国的平原君赵胜并称为"战国四公子"。

06 才能和人才 / 才能出众·天下无双

无出其右
wú chū qí yòu

汉·司马迁《史记·田叔列传》："上尽召见，与语，汉廷臣毋（wú）能出其右者。"

释 出：超出。右：上，古代以右为上位。指在某方面居于领先地位，没有能超过他的。

近义 出类拔萃 无与伦比

反义 不稂不莠 一无所长

西汉初年，汉高祖刘邦带兵去镇压造反的诸侯王，路过赵国的时候，赵王热情地把刘邦迎进自己的王宫中，拿出最好吃的饭菜招待他。但刘邦却摆起了架子，往椅子上一坐，看了一眼饭菜，大声呵斥道："我是尊贵的皇帝，你就拿这些来招待我吗？太不像话了！"

赵王吓得直冒冷汗，不停地向刘邦道歉。赵国的宰相赵午、贯高和一些大臣对刘邦的做法非常不满。刘邦走后，他们对赵王说："您对皇帝毕恭毕敬，可他根本没把您放在眼里。您还有必要效忠他吗？不如我们也像其他诸侯王一样，起兵造反吧！"

"放肆！你们怎么能说出这种话？"赵王气愤地说，"不管皇帝对我怎么样，我都不会做这种大逆不道的事！"

赵王把手指头放进嘴里，用力咬了一下，顿时鲜血直流。他举起流着血的手指说："我现在用鲜血表明我的立场，谁要是再敢提造反的事，我绝对不会轻易饶过他！"大臣们都不敢再说什么。

但赵午、贯高等人却在私下里谋划刺杀刘邦，只因为刘邦临时改变行程而没能成功。后来，这件事传到了刘邦耳朵里，他勃然大怒，下令逮捕赵王和贯高等谋反的大臣。赵午等人得到消息后就自杀了。

田叔等一些忠心的大臣听说赵王要被押解到长安，都要跟随他一起去。刘邦听说后更生气了，下令说："谁要是继续追随赵王，就灭他三族。"但这些话并没有吓退那些大臣，他们穿上囚衣，戴上刑具，假称是赵王的家奴，跟着赵王去了长安。

到了长安，贯高把赵王咬破手指，用鲜血明志的事情告诉刘邦，并说："谋杀皇上，理应处斩。但我之所以没有自杀，就是为了帮赵王洗清冤屈。现在，事情已经说明白，我的任务完成了。"说完就自杀了。

刘邦这才知道冤枉了赵王，就把他放了。接着，刘邦又召见了田叔等大臣，和他们交谈过后，对他们的人品、才学都非常赞赏。刘邦感动地说："你们忠心耿耿、品德高尚，大汉朝的满朝臣子，没有一个能超过你们的。"之后，刘邦重重地封赏了这些大臣。

🍄 例句

🗨 此二方专治一切肿毒，初起者速服速消，已溃者亦能败毒收口，大约古人痈疽（yōng jū）各方，无出其右了。（清·李汝珍《镜花缘》）

🗨 小何弹奏古筝的技艺高超，全校同学无出其右。

出类拔萃
chū lèi bá cuì

战国·孟轲《孟子·公孙丑上》："圣人之于民，亦类也；出于其类，拔乎其萃。"

释 出：超出。类：同类。拔：高出。萃：原为草丛生的样子，喻指聚在一起的人或物。比喻超出同类之上。多指人的才德出众，不同寻常。

近义 卓尔不群 鹤立鸡群　　**反义** 碌碌无为 滥竽充数

孟子名叫孟轲，是战国时期伟大的思想家、教育家。但你知道吗？这么有学问的孟子，小时候也和很多小朋友一样贪玩调皮。

有一天，孟轲觉得整天上课没有意思，就趁老师不注意，偷偷从学堂里跑了出来。他在街上闲逛了一会儿，回到家里，一进门就听见"咔嗒、咔嗒"的声音从屋子里传来。他往窗户里偷偷一看，妈妈正在织布呢！只见妈妈的手不紧不慢地忙活着，织布机咔嗒咔嗒地响着，一根根又细又长的线，就变成了一整块密不透风的布，太神奇了。

孟轲看得入神，不知不觉地走到屋子里，蹲在织布机下面，两只眼睛紧紧地盯着密密麻麻的线，忘记了自己是逃学回来的，更没有发现妈妈正怒气冲冲地看着他。孟轲看得正高兴，妈妈突然站起来，一把拿过织布机上的梭子，折成了两半。

"妈妈，"孟轲急切地说，"梭子断了，这些布就废了。您好不容易才把它们织出来的，为什么要半途而废呢？"

妈妈说："你不好好学习，也是半途而废，我这是在学你啊！"

孟轲的脸红得像火烧一样，赶紧低下头不说话了。妈妈接着说："织布要一寸一寸地织，日积月累，才能织成一匹布。学习也是这样，每天进步一点点，才能学到真知识。如果三天打鱼两天晒网，只是白白浪费时间，最后什么也做不成。"

"妈妈，我这就回学堂。"孟轲转身飞奔出去。从此以后，他刻苦学习，再也没偷过懒，后来终于成为人人尊敬的大学问家，被尊称为"亚圣"，也就是仅次于圣人孔子的人。

孟子十分尊重孔子，有一次，他对

06 才能和人才

才能出众 · 出类拔萃

学生说:"麒麟虽然和其他走兽是同类,但它远远超过了其他走兽。凤凰虽然和其他飞鸟是同类,但没有一只飞鸟能比得上它。同样,孔子和普通人一样都是人,但他却远远超出了其他人。自从有人类以来,没有比孔子更伟大的人了。"

例句

而在那海一样的人民当中,到处都有出类拔萃的劳动英雄,这些英雄本身就是人民当中开出的鲜艳花朵。(杨朔《迎春词》)

她出口成章、博学多才,在同龄人中出类拔萃。

成语个性

人们提到儒家学说的时候,总是把孔子和孟子连在一起说,但实际上他们生活的年代相差了一百多年。孔子是春秋时期的人,而孟子出生于战国时期。

鹤立鸡群
hè lì jī qún

南朝宋·刘义庆《世说新语·容止》:"有人语王戎曰:'嵇延祖卓卓如野鹤之在鸡群。'"

释 像鹤站立在鸡群中。比喻一个人的才能或仪表在一群人里显得很突出。

近义 超群绝伦 出类拔萃 一枝独秀

反义 滥竽充数 相形见绌(chù)

西晋时期，有一个叫嵇(jī)绍的人，他会作诗，会奏乐，人长得潇洒帅气，站在人群中，就像一只仙鹤站在鸡群当中一样，显得特别出众。

晋惠帝非常欣赏嵇绍，把他留在身边担任侍中一职。不久，皇族之间为了争夺权力，发生了非常残酷的战争，皇城上下乱成一团，形势非常紧张。

有一天，嵇绍去宫中拜见晋惠帝，守门的士兵不认识他，以为是敌人，连忙拉开弓箭准备射杀他。没想到，嵇绍一点儿也不害怕，好像什么都没发生一样，整整衣冠，昂首挺胸地往里走。守门的官员看他气定神闲的样子，心想这个人临危不乱，一定不是一般人，于是赶忙下令让士兵放下弓箭，放嵇绍进宫了。

后来，战争越来越激烈，晋惠帝亲自带兵出战。嵇绍担心晋惠帝的安危，也跟着上了战场。结果，晋惠帝大败。士兵们丢盔弃甲，跑的跑，逃的逃，晋惠帝身边一个卫兵也没有了。晋惠帝悲哀地说："看来，我今天要死在这里了。"

就在这时，一个人拉起晋惠帝不顾一切地向前跑去。晋惠帝看清了是嵇绍，感动地说："嵇侍中才是最忠诚的人啊！"

但嵇绍只是一个手无缚鸡之力的文弱书生，他和晋惠帝很快就被叛军捉住。士兵把嵇绍按在马车上，要杀了他。

晋惠帝说："这是忠臣，不要杀他！"但士兵说："我们接到的命令，只是不杀陛下一人而已。"于是当场杀了嵇绍，鲜血溅到了晋惠帝的袍子上，晋惠帝心痛不已。

这场战争并没有要了晋惠帝的命，但嵇绍倒在他面前的一幕一直留在他的脑海里。这天，他看见侍从拿着自己在战场上穿过的袍子走出来，便好奇地问："你拿我的袍子干什么？"

侍从说："这件袍子脏了，我帮您洗一洗。"

晋惠帝夺下袍子，失声痛哭说："不要洗！这上面有嵇侍中的血啊！"

例句

🍂 他不但活泼而诙谐，单是那浑身雪白这一点，在红红绿绿中就有鹤立鸡群之概。（鲁迅《朝花夕拾》）

🍂 隔壁班来了一位新同学，她身材高挑，样貌出众，站在人群当中，真有一种鹤立鸡群的感觉。

羽翼已成
yǔ yì yǐ chéng

汉·司马迁《史记·留侯世家》:"我欲易之,彼四人辅之,羽翼已成,难动矣。"

释 羽:羽毛。翼:翅膀。鸟的羽毛和翅膀已长全。比喻已得到辅佐之人,势力已经壮大。

近义 羽毛丰满
反义 羽毛未丰

西汉时期,汉高祖刘邦立刘盈为太子,准备让他继承皇位。但刘盈长大后,刘邦觉得他性格懦弱,没有主见,难以担当治理国家的重任,于是想改立宠妃戚夫人生的儿子刘如意为太子。

刘盈的母亲吕后知道后,急得团团转,赶紧派人去找开国功臣张良劝说刘邦,不要改立太子。张良却摇摇头说:"打仗的时候,我还可以为皇上出出主意。可是现在天下安定,皇上想改立太子,我们做臣子的也说不上话啊!何况我早就听说,如意聪明伶俐,皇上偏爱他也是正常的。"

"那我回去怎么向吕后交差啊?"来人脸上露出十分为难的表情。

张良想了想,说:"那就告诉吕后,如果想保住刘盈的太子之位,就赶快去找'商山四皓'帮忙。"

张良所说的"商山四皓",指的是住在商山的四位老人。他们德才兼备,是秦朝时期有名的博士。刘邦当上皇帝以后,曾经几次想请他们来辅佐自己,都被他们拒绝了。

吕后听了张良的话,意识到这四位老人在刘邦心中的地位非常高,便想方设法把他们请来,陪在太子身边。

有一次,皇宫里举行宴会,四位老人坐在太子身边。他们虽然白发苍苍,但腰板挺直,满面红光,说起话来像洪钟一样响亮。刘邦很快就注意到了他们,吃惊地问:"这四位老先生是从哪里来的呀?"

刘盈赶紧说:"他们是我从商山请来的老师,这些天教了我不少本领。"

"哦!你们是大名鼎鼎的商山四皓!"刘邦惊讶地说,"你们不愿意辅佐我,却愿意跟随太子,这是为什么呢?"

其中一位老人回答:"陛下看不起读书人,动不动就要骂人,我们不想受辱骂,吓得都躲起来了。现在听说太子善良仁义,尊重读书人,天下有才能的人都愿意为他效力,所以我们来投奔他。"

刘邦听了这番话,只好说:"那以后就有劳各位好好调教照应太子了。"

四位老人向皇帝致意之后就退了出去,刘邦一边目送他们离开,一边叫过戚夫人,指着他们的背影说:"我想要改立太子,可现在太子有这四个人辅佐,可见他的羽翼已经长成,地位也难以动摇了。"

从这之后,刘邦就彻底打消了改立太子的念头。

例句

- 他只希望每月进四五百块钱,慢慢的先对付着,等到羽翼已成,再向顶高的地方飞。(老舍《文博士》)
- 小徒弟自以为羽翼已成,再也不把师父放在眼里,结果吃了大亏。

成语个性

也写作"羽翼既成""羽翮(hé)已就"。

lán tián shēng yù
蓝田生玉

晋·陈寿《三国志·吴书·诸葛恪传》南朝宋·裴松之注引《江表传》:"权见而奇之,谓瑾曰:'蓝田生玉,真不虚也。'"

释

蓝田：地名，在陕西省，以出产美玉闻名。比喻贤良的父母培养出优秀的子女。也比喻名师出高徒。

近义
明珠生蚌（bàng） 虎父无犬子

反义
青出于蓝 上梁不正下梁歪

三国时期，东吴有个将军叫诸葛瑾，是诸葛亮的哥哥。诸葛瑾的儿子诸葛恪（kè）是个机灵鬼，无论多么刁钻古怪的问题都难不倒他。因此，东吴主公孙权非常喜欢他。

有一次，孙权在宫殿摆下酒席宴请各位大臣，还特意叮嘱诸葛瑾一定要带着诸葛恪来。宴席上，孙权一边喝酒一边想：出个什么难题，考考这个小家伙呢？他看看诸葛瑾，突然想到了一个主意，便下令说："去牵一头驴来。"

随从把驴牵过来，孙权又让人拿来纸和笔，大臣们都猜不透孙权要干什么。只见孙权把纸用绳子穿好，挂在驴的耳朵上，让那张纸正好落在驴的脸上。接着，他提起笔在纸上写下三个大字：诸葛瑾。

原来，诸葛瑾长着一张大长脸，而驴的脸也很长，孙权是想借此讽刺他。看着驴脸上的纸条，再瞧瞧诸葛瑾的脸，孙权笑得前仰后合，大臣们也都跟着哄笑起来。诸葛瑾的脸一下子红到了耳朵根，他压住心头的怒火，一时之间不知道该怎么应对。

这时，诸葛恪走到孙权面前，说："我能在纸条上加两个字吗？"

"好啊！"孙权说着把笔递给诸葛恪。

只见诸葛恪拿起笔走到驴跟前，在纸条上刷刷写了两个大字。大臣们见了，突然安静下来，惊讶地张着嘴巴，频频点头。

孙权一看，诸葛恪加了两个字——之驴，变成了"诸葛瑾之驴"。孙权又惊又喜，忍不住赞叹道："妙啊！那就把这头驴送给你了。我绞尽脑汁才想出的考题，就这样被你轻松化解了，真的很了不起啊！"说完又转身对诸葛瑾说："只有你这样的贤臣，才能培养出这么优秀的孩子。蓝田生美玉，真是名不虚传啊！"

例句

- 蓝田生玉，岂虚也哉？（唐·李延寿《南史·谢庄传》）
- 他们父子俩相继获得绘画大奖，被大家称赞为蓝田生玉。

成语个性

蓝田县位于陕西省西安市，盛产蓝田玉。唐朝诗人李商隐写有名句"沧海月明珠有泪，蓝田日暖玉生烟"。

06 才能和人才 才能出众·蓝田生玉

89

江郎才尽 jiāng láng cái jìn

南朝梁·钟嵘《诗品》:"尔后为诗,不复成语,故世传江淹才尽。"

释 比喻才思减退。也比喻本领已经用尽。

近义 黔(qián)驴技穷 智尽能索　**反义** 初露锋芒 新发于硎(xíng)

06 才能和人才／才尽·江郎才尽

南朝时有一位文学家，名叫江淹。他才思敏捷，六岁就能作诗，长大后凭着出色的文才当上了官，但一直不太顺心。

有一年，他被贬为县令，心里非常郁闷，就一个人到郊外散步。不知不觉天已经黑下来，他不愿意回家，就躺在小山上，看着满天的星星，想着自己这几年所受的委屈，情不自禁地落下泪来。"哎！这满肚子的委屈和不如意，能跟谁说呢？"他这样想着想着，竟然睡着了。

不知道过了多久，一个人突然出现在江淹面前。江淹定睛一看，哎呀，这不是晋朝文学家郭璞（pú）吗？他连忙坐起来，对郭璞施礼说："先生，您怎么会出现在这里？"

郭璞把手伸进袖筒，拿出一支笔来。这支笔散发出五彩光芒，耀眼夺目。郭璞说："这只五彩神笔送给你，有了它，你就能写出传世的文章了。"

江淹接过笔，激动得热泪盈眶。"谢谢您！"江淹一抬头，惊讶地发现郭璞已经消失不见了。

"先生！先生……"

江淹突然惊醒了，才发现原来只是个梦。他叹了口气，一转身，猛然发现身边真的有一支五彩笔。江淹惊讶不已，拿着这只笔回到家，果然写出了一篇篇惊动世人的文章，名气比以前更大了。

后来，江淹时来运转，升官发财了。他搬进了豪华的房子里，过起了养尊处优的生活。这天，他想写篇文章表达喜悦的心情，于是拿起那只神笔，但写来写去怎么都不满意。这时他才意识到，自己已经很长时间没写文章了，脑子里一点儿头绪也没有。

这天晚上，他又梦见了郭璞。郭璞叹着气说："安逸的生活已经淹没了你的才华，五彩神笔也帮不了你了，请把它还给我吧！"

江淹只好从怀中掏出五彩神笔，还给了郭璞，郭璞又像上次一样消失了，此后再也没有出现过。而以诗文闻名天下的江淹，再也写不出好诗句、好文章。人们都叹息说："江郎的文才已经用尽了。"

例句

- 散了伙，他必感到空虚，寂寞，无聊，或者还落个江郎才尽，连诗也写不出了。（老舍《四世同堂》）
- 人只有不断地学习，才不会出现江郎才尽的局面。

成语个性

江淹才尽的故事还有另外一个版本：江淹梦见晋朝文学家张协送给他一匹锦缎，后来又要回去，江淹只好把用剩的几尺残锦还给他，他的文才也随之消失。成语"文通残锦"就出自这个故事，比喻剩下的才华不多了。

黔(qián)驴(lǘ)技(jì)穷(qióng)

唐·柳宗元《三戒·黔之驴》："黔无驴,有好事者船载以入……虎因喜,计之曰:『技止此耳!』"

释 黔:地名,今贵州一带。技:技能。穷:尽。比喻有限的一点本领也已经用完了。

近义 无计可施 束手无策
反义 神通广大 三头六臂

很久以前,黔(现在的贵州省一带)这个地方没有驴,那里的人们也从来没见过驴长什么样子。有个年轻人听说后,就用船从外地运了一头驴过来,想让大家长长见识。可是,当他牵着驴来到这里,发现到处都是崎岖狭窄的山路,驴根本上不去。一气之下,他把驴拴在山脚的石头上,头也不回地走了。

一只老虎出来寻找食物,忽然看见路边站着一个陌生的动物,吓了一跳。老虎不敢靠近,就躲在大树后面悄悄看着那头驴。只见这家伙长得很高大,腿又细又长,尾巴甩来甩去的,看上去很不好惹。

看了很久,驴也没有露出锋利的牙齿和尖利的爪子,老虎觉得它可能也没有多厉害,于是壮着胆子走过来,小心翼翼地打招呼:"嗨,朋友!"

谁知,那头驴突然转过头,冲着它大叫起来:"嗯啊——嗯啊——不要过来,否则我就吃掉你!"

老虎吃了一惊,吓得转身就跑。跑出去没多远,老虎发现驴没有追过来,就停下了。"它只是大叫了几声,也没有多厉害啊!"想到这里,老虎又慢慢凑过来。

这次，驴又像上次一样，大声叫起来。老虎再靠近一点儿，驴仍然只是扯着嗓子大叫。老虎的胆子大起来，用头撞了一下驴的身子。驴生气了，呲着牙，瞪着眼喊道："你再招惹我，我就不客气了。"

"来吃我啊！"老虎说着又用力撞了一下驴。驴气得暴跳如雷，调转屁股抬起蹄子朝老虎踢过来。老虎早有防备，轻轻一跳就躲开了。驴一看更生气了，胡乱踢起来。

老虎看着驴的样子，心花怒放，大声说道："我还以为你是从哪里来的神兽，有天大的本事呢，原来只会抬抬蹄子吓唬人啊！现在你的本事用完了，该我展展身手了！"

"你想干什么？"驴子话还没说完，就被老虎扑倒在地，一口咬断了脖子，挣扎了几下就断了气。

老虎吃得肚皮鼓鼓的，打了个饱嗝，心满意足地说："外表看起来很厉害的家伙，也许根本没有什么真本事，用不着害怕。"

例句

- 大军阀技艺高超，分化收买令人叹为观止；小军阀拼命挣扎，走投无路，真可谓黔驴技穷。（魏巍《地球的红飘带》）
- 我唱了歌，又跳了舞，现在已经是黔驴技穷，大家放过我吧。

成语个性

成语"黔驴之技"也出自这个故事，指仅有的一点徒有其表的拙劣本领。多用于讽刺一些人装出一副很厉害的样子，实际上只是虚张声势，摆摆花架子，没有真本事。

一傅众咻
yí fù zhòng xiū

战国·孟轲《孟子·滕文公下》:"一齐人傅之,众楚人咻之,虽日挞(tà)而求其齐也,不可得矣。"

释 傅:教导。咻:喧闹。一个人教导,众人吵闹干扰。比喻受不良环境的影响,事情往往做不好。

战国时的孟子继承和发展了孔子的儒家学说,他周游列国,劝说各国的国君施行仁政。

06 才能和人才 / 教育 · 一傅众咻

有一年，他听说宋国的国君想要施行仁政，就兴冲冲地奔了过去。可等他到了宋国，发现国君身边没有得力的臣子，尽是些庸庸碌碌、不干正事的人，他非常失望，于是打算离开。

宋国国君听说后，心里十分纳闷：我把他当成贵宾，好吃好喝地伺候着，他为什么还要走呢？于是派大夫戴不胜去看看是怎么回事。

戴不胜来到孟子住的地方，恭敬地说："先生，您在这里住得不舒服吗？"

"不不，国君待我非常好。"孟子说，"可我到宋国来的目的，不是为了享清闲，而是为了推行仁政。"

戴不胜说："那您更要留下来啊！我们国君想推行仁政，正不知道从哪里下手呢！"

"哎！"孟子无奈地摇摇头，"你们国君的想法非常好，但我在这里住了几天，发现围绕在他身边的都是一些无能的人，想要推行仁政，比登天还难呢！"

戴不胜听得一头雾水，皱着眉说："我听不懂您的话是什么意思。"

孟子说："那我给你讲个故事吧。有个楚国人想让他的儿子学习齐国话，他花了很多钱从齐国请来一位老师教他，可这孩子就是学不会。你说这是为什么？"

戴不胜摇摇头，孟子说："因为这孩子身边都是楚国人，说的都是楚国话。一个齐国老师在教导他，却有一群楚国人在干扰，就算天天责打他，他也学不好齐国话呀！所以，如果想让楚国人学好齐国话，最好的办法就是让他去齐国生活，身边的人都说齐国话，用不了多久，他自然就学会了。"

"我明白了。"戴不胜说，"您的意思是说，我们国君身边的那些人会给他带来不好的影响。可我们也有像薛居州那样的贤士啊！"

"光凭他一个人，就算说破了喉咙，结果也只能像故事中的那个老师一样，起不到什么作用。国君身边那些人总会想方设法地阻挠他推行仁政。既然这样，我当然没有必要再留下来。"

戴不胜把孟子的话告诉国君，国君也很无奈，只好让孟子走了。

例句

🌰 王爷虽则有一定的主见，不过朝夕接近的都是那一班人，挑拨离间，无奇不有，一傅众咻，孤立者终究吃亏。（张鸿《续孽海花》）

🌰 他提的建议非常好，可惜没有一个人支持，一傅众咻，最终还是没被采纳。

杀彘教子

shā zhì jiào zǐ

战国·韩非《韩非子·外储说左上》："曾子之妻之市,其子随之而泣。其母曰:'女还,顾反为女杀彘。'妻适市来,曾子欲捕彘杀之。妻止之曰:'特与婴儿戏耳。'曾子曰:'婴儿非与戏也。婴儿非有知也,待父母而学者也,听父母之教。今子欺之,是教子欺也。母欺子,子而不信其母,非以成教也。'遂烹彘也。"

释 彘:猪。指父母教育子女,首先自己要言行一致,说话算数。

近义 言传身教　以身作则
反义 言而无信　言行不一

古时候有一个人叫曾子。有一天,他的妻子要去赶集,刚走到门口,儿子从屋子里冲出来,抱住妈妈的腿,哭喊着说:"我也要去!我也要去!"

妈妈蹲下身子,安慰儿子说:"集市上人多,把你弄丢了怎么办?乖乖在家等着,妈妈回来给你杀猪炖肉吃。"

"好啊好啊！有肉吃啦！"儿子高兴得手舞足蹈，自己去玩了。曾子在旁边听了，不由得皱了皱眉头，但看着儿子兴高采烈的样子，他也开心地笑了起来。

快到中午的时候，妈妈回来了。儿子立刻扑过去，拉着妈妈的手来到猪圈前面，叫喊着说："妈妈，快杀猪！我要吃那头最肥最胖的小猪！"

妈妈惊讶地说："不过年、不过节的，杀猪干什么？"

儿子眨巴着一双大眼睛说："妈妈出门的时候说过，要给我杀猪炖肉吃。"

"啊？这个嘛……"妈妈这才想起出门时顺口哄儿子的话，"我是跟你开玩笑呢！这些猪得等到过年的时候才能杀。现在它们还没长大，杀了多可惜啊！"

"妈妈说话不算数，是个谎话精！我再也不相信你说的话了。"儿子噘着嘴，不再理妈妈。

妈妈愣在原地，不知道如何是好。这时，曾子走过来，抱起儿子说："妈妈在逗你玩呢，一会儿就给你炖肉吃。"

儿子不生气了，曾子又语重心长地对妻子说："做妈妈的可不能说话不算数啊！父母是孩子的榜样，如果我们说话不算数，孩子也会跟着学，那他还怎么能成为一个讲诚信的人呢！既然已经答应了孩子，那就把猪杀了吧！"

妻子羞愧地点点头，于是和曾子一起杀猪、炖肉，一家人美美地吃了一顿大餐。

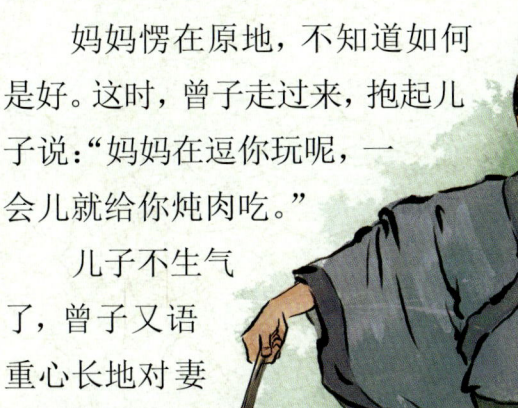

例句

- 家长教育孩子时，要有曾参杀彘教子的精神，要求孩子做到的，自己首先要做到。
- 古代的曾参都能杀彘教子，现在的家长教育孩子不要沉迷于看电视、玩电子游戏，自己先放下手机，应该也不是什么难事。

成语个性

曾子名叫曾参（shēn），是孔子的徒弟，和他有关的成语还有"曾参杀人""曾母投杼（zhù）"等。这个成语也写作"曾子杀彘"，警示父母要在孩子面前树立起诚实守信的榜样。

孟母三迁
mèng mǔ sān qiān

汉·刘向《列女传·邹孟轲母》:"其舍近墓。孟子之少也,嬉游为墓间之事,踊跃筑埋。孟母曰:'此非吾所以居处子也。'乃去,舍市傍。其嬉戏为贾人炫卖之事。孟母又曰:'此非吾所以居处子也。'复徙舍学宫之傍。其嬉游乃设俎(zǔ)豆,揖让进退。孟母曰:'真可以居吾子矣。'遂居之。"

释 迁:搬家。孟子的母亲为选择良好的环境教育孩子,多次搬家。现在比喻父母对子女教育的重视。多特指家长重视环境对子女成长的影响。

近义 百万买宅,千万买邻 择邻而居

孟子很小的时候,爸爸就去世了。妈妈把全部的心思都用在孟子身上,希望把他培养成优秀的人才,因此她非常重视对孟子的教育。

孟子的家在墓地旁边。有一天,孟子的妈妈正在干家务,忽然听见窗外传来呼天抢(qiāng)

地的哭声。她抬头一看，孟子和几个小朋友正在墓地边，学着大人的样子，玩办理丧事的游戏。"哎，我真糊涂，怎么能让孩子住在墓地旁边呢？"妈妈十分担忧，第二天便带着孟子搬家了。

这次，他们来到了一座热闹的小镇上。孟子的家门前有一个市集，每次到了赶集的日子，街上就会摆满各种物品，非常方便。妈妈满意地说："这样的地方才适合居住嘛！"

有一天，妈妈带着孟子赶集购物，孟子一边走一边看，眼睛都不够用了。妈妈问他："集市上好玩吗？""好玩，"孟子回答，"卖东西的人和买东西的人讨价还价，真有意思。"回家后，孟子把在街上看见的情形告诉小伙伴，然后他们玩起了过家家，一个扮演商贩，一个扮演买东西的人。两个人嬉笑着讨价还价，笑得前仰后合。

妈妈失望地摇摇头说："这里都是一些做小买卖的人，孟子和他们相处的时间长了，也会学着做买卖，虽然可以养家糊口，但还是不能成为有学问的人。"

妈妈想了想，带着孟子搬到一所学校的旁边。孩子们每天背着书包出出进进，见到老师会礼貌地问好，和同学交谈也彬彬有礼。学校里还经常传出琅琅的读书声。每到这个时候，孟子就向往地说："妈妈，我也要去上学。"妈妈看着孟子充满渴求的眼睛，欣慰地说："终于找到适合儿子居住的地方了。"

在妈妈的悉心教导和培育下，孟子饱读诗书，成了当时最有学问的人，被人们尊称为"亚圣"。而孟母为了让孩子有个好的成长环境几次搬家的故事，也流传了下来，被人们称颂至今。

🍵 例句

🌙 他背熟的班姬四诫从头学，不要得孟母三迁把气淘。（明·汤显祖《牡丹亭·闹殇》）

🌙 有些家长为了孩子能进好一点的学校，不惜花费巨资购买"学区房"，还真有些昔日孟母三迁的意思。

孺子可教
rú zǐ kě jiào

汉·司马迁《史记·留侯世家》："父去里所，复返，曰：'孺子可教矣。后五日平明，与我会此。'"

释 孺子：年轻人。形容年轻人有出息，可以造就成才。

近义 后生可畏 得意门生

反义 朽木不可雕 不堪造就

古时候，一个叫张良的人有一天在街上散步，不知不觉来到一座桥上。桥头坐着一位老人，身上穿着普通的粗布衣服，一点儿也不起眼。

张良从他身边走过时，老人忽然故意蹬掉脚上的一只鞋，鞋径直落到了桥下。"嗨，年轻人，去把我的鞋捡上来。"老人毫不客气地对张良说。

张良很奇怪，心想，明明是请人帮忙，怎么还用命令的口气？更何况鞋子还是他自己踢下去的。但张良转念一想：老头都这么大岁数了，也怪可怜的，就帮他捡一下吧！张良强忍着心中的不满，下到河边捡起鞋子，送到老人面前。没想到，老人不但不感激他，反而高高

地抬起脚，说："给我穿上。"

这个老头可真不讲理！张良心里这样想着，不过还是跪在地上，帮老人把鞋穿好。老人满意地点点头，站起身，哈哈大笑着走了。张良吃惊地看着老人离去。老人走出去老远，又转身回来了，他笑眯眯地拍着张良的肩膀说："年轻人，有前途，可以教育。五天以后，天一亮就到这里来找我。"

五天之后，天刚蒙蒙亮，张良就出门了。他来到桥边，却见老人已经到了。老人气愤地说："年轻人学本领，怎么能这样懒惰呢？我已经等你半天了。五天以后再来吧！"老人说完甩甩袖子，头也不回地走了。

转眼又是五天。这天天还没亮，张良就从床上爬起来，跑到了桥上。谁知，老人又比他早了一步。"让师傅等徒弟，这是什么道理！今天不教了，五天以后再来吧！"

张良又眼巴巴地等了五天。到了约定的日子，张良睁着眼睛等到半夜，便飞奔到小桥上。四周黑漆漆的，桥上一个人也没有，张良终于松了一口气。

过了一会儿，老人来了。这一次，他高兴地从怀里掏出一本书，对张良说："我几次三番刁难你，都是在试探你。现在你已经顺利通过考核，这本书送给你。"张良回到家，惊讶地发现，那竟然是传说中的《太公兵法》。他如获至宝，每天刻苦研读，后来终于学有所成，辅佐刘邦，为刘邦夺取天下、建立汉朝立下了大功。

🍂 例句

🍃 往往经过几个学期的习弥那尔，教授真正觉得孺子可教，他才点头收徒，并给他博士论文题目。(季羡林《季羡林的诗意人生》)

🍃 他小小年纪，竟然有那么远大的志向，真是孺子可教。

101

朱衣点头
zhū yī diǎn tóu

明·陈耀文《天中记》引《侯鲭(qīng)录》:"欧阳修知贡举日,每遇考试卷,坐后常觉一朱衣人时复点头,然后其文入格……尝有句云:'唯愿朱衣一点头。'"

释 原指科举中选,现在也可比喻考试顺利通过。

近义 金榜题名 蟾宫折桂

反义 名落孙山 榜上无名

才能和人才 / 考试 · 朱衣点头

北宋有一位名臣，叫欧阳修。他从小就喜欢看书，但是家境贫寒，没钱买书，只能去有书的人家里借。每借回来一本书，他就一边读，一边抄写，经常是一本书还没抄完，就已经能够背诵下来了。

有一天，他刚刚写好一篇文章，正好叔叔过来了。叔叔一边看，一边频频点头，说："写得真是太好了。"过后，叔叔对欧阳修的母亲说："嫂子，你不用担心你儿子的未来了，他是个奇才！以后他不仅可以光宗耀祖，而且能闻名天下。"后来，欧阳修果然当上了宰相，同时更是北宋一代的诗文领袖。

传说，欧阳修在担任翰林学士时，有一次主持科举考试，当他拿起笔准备批阅考卷时，总感觉有一个穿着朱红色衣服的人站在他身后。但当他回头看时，又什么人都看不到。

欧阳修拿起一份考卷，还没开始看，余光就瞥见他身后的红衣人点了点头。他阅读之后，发现这篇文章确实写得不错。接着，欧阳修又拿起一份考卷，红衣人摇了摇头。他看过之后，发现这篇文章果然写得不怎么样。欧阳修发现，只要是红衣人点头的文章，写得都很好，都能达到录取的标准；如果红衣人摇头，文章就一定不合格。

后来，欧阳修把这件事说给同事听，大家都觉得很神奇。于是，这件事就一传十、十传百地传开了，就连考生们也都知道了。

后来每逢考试，考生们就都在心里默默祈祷："希望红衣人点头。"也就是希望通过考试的意思。

例句

● 且当青镜明开眼，惟愿朱衣暗点头。（明·汤显祖《牡丹亭》）
● 希望这次考试能够让朱衣点头，顺利通过。

成语个性

也写作"朱衣点额""点头朱衣"。

05 技艺和文采

附录 分类成语

技艺

技艺高超
出神入化
鬼斧神工（4）
镂月裁云
裁云镂月

翻云覆雨
画龙点睛（6）
炉火纯青
登峰造极
登堂入室
升堂入室
巧夺天工

轮扁斫轮
技艺纯熟
运斤成风（8）
熟能生巧
游刃有余（10）
庖丁解牛

目无全牛
得心应手
心手相应
运用自如
雕虫小技（12）
屠龙之技

飞檐走壁
腾云驾雾
飞针走线
水磨工夫
心灵手巧
笨手笨脚
花拳绣腿
一技之长

多才多艺
宝刀不老
能工巧匠
当行出色

绘画

泼墨挥毫

误笔成蝇（14）
烘云托月

尺幅千里
咫尺万里
咫尺千里

妙手丹青
十日一水，
五日一石

琴棋书画

书法

力透纸背

入木三分（16）
笔饱墨酣

游云惊龙
矫若游龙
龙飞凤舞

渴骥奔泉
兔起鹘落
笔走龙蛇

铁画银钩
颜筋柳骨
信笔涂鸦

春蚓秋蛇

乐舞

余音绕梁（18）
歌声绕梁
引吭高歌

一字一珠
珠圆玉润
高唱入云
穿云裂石
响遏行云
抑扬顿挫

余音袅袅
如泣如诉
哀丝豪竹
一倡三叹
一唱三叹
笙歌鼎沸

一片宫商
黄钟大吕
敲金戛玉
敲金击玉
吹竹弹丝
高山流水

霓裳羽衣
靡靡之音
亡国之音
鸾歌凤舞
清歌妙舞

轻歌曼舞
翩翩起舞
长袖善舞

表演

粉墨登场
优孟衣冠

字正腔圆
声情并茂

曲尽其妙
拿手好戏

逢场作戏
插科打诨

箭法

百步穿杨（20）

百发百中
一箭双雕

一发破的
射石没羽

矢不虚发
箭不虚发

弹无虚发

附录 分类成语 05 技艺和文采

医术
治病救人
救死扶伤
起死回生（22）
妙手回春
着手成春
药到病除
手到病除
仁心仁术
悬壶济世
岐黄之术

职业
田夫野老
梨园子弟
抱关击柝
三教九流
五行八作
贩夫走卒
引车卖浆
行商坐贾
巨商大贾
半路出家
卖剑买牛
再作冯妇
重操旧业
不务正业
行家里手
行行出状元
刀耕火种
秋收冬藏
铸山煮海

传承
克绍箕裘
入室弟子
徒子徒孙
后继有人
承前启后
继往开来
源远流长
薪火相传
薪尽火传
衣钵相传
代代相传
口传心授
口耳相传
一脉相承
家学渊源

文才
才高八斗
八斗之才
才华横溢
青钱万选（24）
锦心绣口
锦心绣腹
握珠抱玉
文采风流
文章巨公
文章魁首
文章盖世
文章星斗
才思敏捷
七步成章（26）
文不加点（28）
手不停挥
文思泉涌
思如泉涌
援笔立成
一挥而就（30）
下笔成章
下笔千言
落笔千言
下笔如有神
斗酒百篇
倚马千言
倚马可待（32）
日试万言
妙笔生花（34）
生花妙笔
梦笔生花

写作
舞文弄墨（36）
嚼墨喷纸
操觚染翰
雕虫篆刻
雕虫刻篆
奋笔疾书
笔耕不辍
怀铅握椠
握椠怀铅
意在笔前
大处落墨
删繁就简
探骊得珠
信手拈来
妙手偶得
涉笔成趣
嬉笑怒骂
挥洒自如
纵横驰骋
纵横捭阖
惜墨如金
寻行数墨
寻章摘句
摘句寻章
咬文嚼字
字斟句酌
遣词造句
含珠吐玉
镂月裁云
裁云镂月
百锻千炼
千锤百炼
雕肝琢肾
雕章镂句
雕章琢句
点金成铁
点石成金
点铁成金
吟风弄月
吟风咏月
嘲风咏月（38）
狗尾续貂（40）
述而不作
率尔操觚
率尔成章
著书立说
著作等身

05 技艺和文采

附录 分类成语

文辞精妙

掷地有声（42）

大笔如椽
笔力千钧
点睛之笔
神来之笔
笔底生花
黄绢幼妇
斐然成章

绝妙好辞（44）

铺锦列绣
锦绣文章
天机云锦
绣虎雕龙

花团锦簇
错彩镂金

一字千金（46）

一字一珠
字字珠玑

琅琅上口
清词丽句
出水芙蓉
浓墨重彩
笔歌墨舞
腾蛟起凤

衔华佩实

文笔生动

跃然纸上
呼之欲出
活灵活现

有血有肉
如闻其声，如见其人

栩栩如生
惟妙惟肖
有声有色

绘声绘色
绘影绘声

文章精美

大块文章
深入浅出
面面俱到
文从字顺

不蔓不枝
情景交融
文以载道
字里行间
良金美玉
高义薄云
羚羊挂角

哀而不伤
一字一泪
不忍卒读
哀感顽艳
振聋发聩
发聋振聩
显微阐幽

力透纸背
发人深省
深入人心
扣人心弦
引人入胜
光彩夺目
光采夺目

光芒万丈
光焰万丈
悬若日月
妙趣横生
妙不可言
齿颊生香
沁人心脾

百读不厌
回味无穷
叹为观止
千古绝唱

洛阳纸贵（48）

奇文共赏

风格气势

沉郁顿挫
异曲同工

下里巴人
阳春白雪

老妪能解（50）

雅俗共赏

文如其人
自成一家

天马行空
一泻千里

汪洋恣肆
高唱入云
石破天惊
回肠荡气
荡气回肠

笔扫千军
淋漓尽致
痛快淋漓
酣畅淋漓
苏海韩潮

波澜老成

文章结构

行云流水
一气呵成
洋洋洒洒
短小精悍
简明扼要

体大思精
浑然一体
浑然天成
开宗明义

提纲挈领
承上启下
起承转合
丝丝入扣

一波三折
一波未平，一波又起

106

05 技艺和文采

附录 分类成语

文章拙劣

枝词蔓语	一览无余	味同嚼蜡	连篇累牍	
冗词赘句	千人一面	佶屈聱牙	长篇累牍	
风花雪月	淡而无味	诘屈聱牙	长篇大论	
博士买驴	无病呻吟	索然无味	文不对题	官样文章
三纸无驴	平铺直叙	枯燥无味	离题万里	驴鸣狗吠

作品

片言只字	残编断简	遗编断简	三坟五典	鸿篇巨制
片纸只字	断简残编	断简遗编	高文典册	稗官野史

06 才能和人才

附录 分类成语

用人

三顾茅庐（52）
千金买骨（54）
握发吐哺（56）
周公吐哺
敬贤礼士
礼贤下士

折节下士
尊贤使能
爱才好士
爱才若渴
求贤若渴

伯乐相马（58）
一顾千金
称贤荐能
举善荐贤

举贤使能
推贤进善
毛遂自荐（60）
自告奋勇

筑巢引凤
虚位以待
招贤纳士
千军易得，
一将难求

招兵买马
拔犀擢象
打凤捞龙
搜扬侧陋
野无遗贤
珊瑚在网
他山之石
楚材晋用
任人唯贤
任贤使能
选贤任能

简贤任能
量才录用
弃瑕录用
甄奇录异
知人善任
舍短取长
用其所长
登坛拜将
大浪淘沙
待价而沽
用武之地

各得其所
得其所哉
蛟龙得水
择木而处
择木而栖

大材小用
牛鼎烹鸡
牛刀割鸡
任人唯亲

屈才

珠沉沧海

沧海遗珠
明珠暗投（62）

投闲置散
怀才不遇
有志难酬

英雄无
用武之地
久居人下

黄钟毁弃
瓦釜雷鸣
白首为郎

白发青衫
冯唐易老，
李广难封

施展才能

初出茅庐（64）

头角峥嵘
崭露头角
初露头角
初露锋芒
新发于硎

出头露面
锥处囊中
脱颖而出
牛刀小试
小试牛刀

小试锋芒
锋芒毕露
出手不凡
大显身手
大显神通

大有作为
展翅高飞
大展宏图
腾蛟起凤
凤鸣朝阳

人尽其才
后起之秀（66）
后来之秀
大器晚成

隐藏才能

大巧若拙
大智若愚

深藏若虚
外愚内智

不露锋芒
不露圭角

藏器待时
韬晦之计

人才

人中之龙
人中麟凤
人中骐骥（68）

一时之选
一时之秀
一枝独秀
百里之才
不世之才
济世之才

旷世逸才
旷世奇才
天之骄子
扫眉才子
东箭南金
栋梁之材

中流砥柱
擎天一柱
大旱云霓
泰山北斗
天兵天将
斗南一人

旷古一人
开山祖师
不祧之祖
百代文宗
百世之师
一代楷模

昆山片玉
芝兰玉树
龙驹凤雏
后生可畏
庸中佼佼
铁中铮铮

06 才能和人才

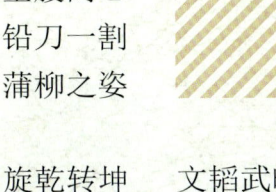

附录 分类成语

席上之珍	风云人物		无名英雄	社稷之臣
一蘷已足	一代风流	巾帼须眉	一世之雄	万里长城
珠玉在侧	骚人墨客	巾帼英雄	骨鲠之臣	断头将军

人才稀少
凤毛麟角（70）
硕果仅存
青黄不接

人才众多
灿若繁星	鸾翔凤集	十步芳草	群贤毕至
藏龙卧虎	人才辈出	十步之内，	群英荟萃
卧虎藏龙	人才济济	必有芳草	

庸人凡夫
饭囊衣架	花花公子	无名鼠辈	浊骨凡胎
酒囊饭袋	绣花枕头	无名小卒	平民百姓
行尸走肉	不舞之鹤	市井小人	平头百姓
斗方名士	膏粱子弟	池中之物	市井之徒	布衣黔首
酸文假醋	纨绔子弟	等闲之辈	凡夫俗子	芸芸众生

平庸
一无所能	滥竽充数	志大才疏	眼高手低
一无所长	百不当一	才疏意广	空腹高心
庸庸碌碌	百无一用	不稂不莠	才疏德薄	铅刀一割
碌碌无为	瓦釜雷鸣	苗而不秀	德薄才疏	蒲柳之姿

才能出众
一点灵犀	一目十行	发踪指示	旋乾转坤	文韬武略
与生俱来		（74）	扭转乾坤	文武兼备
生而知之	精明强干	万人之敌	回天转日	文武双全
百伶百俐	耳闻则诵	独当一面	三头六臂	允文允武
冰雪聪明	过目成诵	力所能及	神通广大	回天之力	智勇双全
聪明伶俐	（72）	应付自如	上天入地	（76）	文武全才
绝顶聪明	过目不忘	无所不能	通天彻地	力挽狂澜	
聪明绝顶	十行俱下	呼风唤雨	一柱擎天	横槊赋诗	天下第一
闻一知十	五行俱下	撒豆成兵	只手擎天	文经武纬	数一数二

109

06 才能和人才

附录 分类成语

才能出众

绝世独立	无出其右（80）	百里挑一	才德兼备	卓尔不群
天下无双（78）	无可比拟	万不及一	德才兼备	鹤立鸡群（84）
首屈一指	日下无双	无与伦比	不可多得	羽翼已成（86）
千古独步	盖世无双	前无古人	秀外惠中	蓝田生玉（88）
独步天下	绝世无双	经国之才	秀外慧中	雏凤声清
独步一时	举世无双	经世之才	才貌双全	
独一无二	国士无双	盖世之才	被褐怀玉	
一时无两	才气无双	不羁之才	雄才大略	
			才气过人	
			高才疾足	
			高才捷足	
			奔逸绝尘	
			出类拔萃（82）	
			超群拔类	

才尽

江郎才尽（90）　黔驴技穷（92）　鼯鼠技穷　智尽能索

才能招祸

怀璧其罪　膏火自煎　木秀于林，风必摧之　直木必伐
甘井先竭　山木自寇

力量

拔山超海	九牛二虎之力	拽象拖犀	一臂之力
拔山扛鼎		孔武有力	吹灰之力
移山倒海	法力无边	降龙伏虎	无坚不摧

力薄

汲深绠短	孤掌难鸣	手无寸铁	爱莫能助	羽毛未丰
杯水车薪	单枪匹马	不堪一击	无能为力	老弱残兵
鞭长莫及	一木难支	势单力薄	自顾不暇	力不从心
绠短汲深	独木难支	赤手空拳	自身难保	力不胜任

教育

引而不发	谆谆告诫	有教无类	蓬生麻中	十年树木，百年树人
以其昏昏，使人昭昭	谆谆善诱	诲人不倦	近朱者赤，近墨者黑	一树百获
言传身教	循循善诱	授业解惑	一傅众咻（94）	春风风人
潜移默化	耳提面命	倾囊相授	百年树人	夏雨雨人
耳濡目染	面授机宜	以理服人		厚德载物
因材施教	指点迷津	金针度人		
		教学相长		
		蓬生麻中，不扶自直		

附录 分类成语 06 才能和人才

春风化雨	孟母三迁（98）	上行下效	一字之师		屡教不改
如坐春风		放任自流	师道尊严	朽木不可雕	冥顽不灵
风行草偃	望子成龙	误人子弟	桃李满天下	朽木不雕	冥顽不化
草靡风行	孺子可教（100）			朽木粪土	脱缰之马
杀彘教子（96）	发人深省	尊师重道	得意门生	朽木粪墙	恨铁不成钢
易子而教	顽石点头	万世师表 为人师表	青出于蓝 莘莘学子	不堪造就	

| 考试 | 朱衣点头（102） | 蟾宫折桂 金榜题名 | 独占鳌头 连中三元 | 名列前茅 名落孙山 | |

图书在版编目（CIP）数据

把成语用起来：一读就会用的分类成语故事. 三，
技艺和文采　才能和人才 / 歪歪兔童书馆编著. -- 北京：
海豚出版社，2020.5（2023.11 重印）
　　ISBN 978-7-5110-5136-3

　　Ⅰ. ①把… Ⅱ. ①歪… Ⅲ. ①汉语－成语－故事－青
少年读物 Ⅳ. ①H136.31-49

中国版本图书馆 CIP 数据核字（2020）第 000040 号

把成语用起来——一读就会用的分类成语故事
歪歪兔童书馆 / 编著

出 版 人：王　磊
策　　划：宗　匠
监　　制：刘　舒
策划编辑：宋　文
撰　　文：冯小晏　尤艳芳
绘　　画：徐敏君
责任编辑：杨文建　孟科瑜
装帧设计：王　蕾　侯立新
责任印制：于浩杰　蔡　丽
法律顾问：中咨律师事务所　殷斌律师

出　　版：海豚出版社
地　　址：北京市西城区百万庄大街24号　邮　编：100037
电　　话：（010）85164780（销售）　　（010）68996147（总编室）
传　　真：（010）68996147
印　　刷：北京博海升彩色印刷有限公司
开　　本：16 开（860 毫米 ×1130 毫米）
印　　张：73.25
字　　数：800 千
印　　数：190001-200000
版　　次：2020 年 5 月第 1 版
印　　次：2023 年 11 月第 12 次印刷
标准书号：ISBN 978-7-5110-5136-3
定　　价：450.00 元（全十册）

版权所有　　侵权必究